JN385649

농·어촌 교회의 희망

농·어촌 교회의 희망

초판 1쇄 발행 2014년 2월 20일
지 은 이 서대운
펴 낸 이 김준행
펴 낸 곳 터치전도코리아
편집디자인·인쇄 천사의선물 www.angelgift.net
주 소 서울시 종로구 대학로 19(연지동 136-46)
한국기독교회관 905호
전 화 02-764-7004
홈페이지 http://www.goodtouch.net

출판신고 2009년 1월 7일 제 300-2009-2호
판권소유 터치전도코리아
보 급 터치전도코리아

ISBN 978-89-94509-30-3
가 격 6,000원

농·어촌교회의 희망

"교회의 부흥은 숫자가 아닌 복음의 회복입니다"

서 대 운 목사

Touch Mission Korea
터치전도코리아

이 책을

________________ 님께

드립니다.

서문 : '희망 나눔' 전도사 서대운 신앙간증

십자가 복음, 영원한 희망의 시작

인생 사십을 "불혹"이라 했습니다. 이는 '사물의 이치를 터득하고 세상일에 흔들리지 않는 나이'라는 뜻입니다. 적다면 적고 많다면 많은 나이에 이제야 하나님의 뜻을 조금씩 헤아리며 십자가의 복음이 실제가 되어 가는 지극히 작은 자 중에서도 작은 목사에게 지나온 삶을 되돌아보며 '희망 나눔' 간증집을 출간하게 하신 하나님께 감사를 드립니다.

지나온 40년을 뒤돌아보면서 나의 힘이신 여호와 하나님의 사랑을 헤아리고 하나님의 허락하심 안에서 앞으로 남은 생애를 주와 복음을 위해 새롭게 준비하며 달려갈 것을 결단하는 마음으로 펜을 들어봅니다.

나 자신을 바라보면 연약하고 부끄러운 것 투성이지만 부족한 종의 간증을 통해 단 한사람이라도 '희망'을 나눌 수 있다면 기꺼이 십자가의 자리로 나아가리라 다짐해 봅니다.

지나고 보니 모든 것이 하나님의 은혜였습니다. 절망도 은혜요,

고통도 은혜요, 외로움도 은혜였습니다. 그 절망의 골짜기가 아니었으면 어찌 하나님의 은혜를 알았겠으며 그 몸부림치는 시간이 없었으면 어떻게 2,000년 전 십자가의 복음이 나의 실제가 될 수 있었겠습니까? 그 외로움과 아픔이 아니었으면 어찌 주님과의 하나 됨을 체험할 수 있었겠으며 지독한 갈등과 절망의 시간이 없었다면 어찌 오늘의 '희망'을 나눌 수 있었겠습니까?

사랑하는 주님! 감사합니다. 주님이 나의 힘이 되어 주셔서 감사합니다. 삶의 굽이굽이마다 나를 안아 주시고 일으켜 주신 주님이 내게 영원한 희망이 되어 주셔서 감사합니다. 만삭되지 못하여 난 자 같은 이 작은 자를 지금까지 참아 주시고 기다려 주시고 바라봐 주신 주님, 감사합니다. 이 작은 책을 나의 전심을 다해 주님께 올려 드립니다.

또한 이 책이 나올 수 있도록 격려해 주시고 출간해 주신 터치전도 코리아 김준행 본부장님과 출판부에 감사를 드립니다.

이 책을 읽는 모든 분들에게 주 예수 그리스도의 은혜와 평강이 함께하시기를 기도합니다.

"마라나타! 주님이 하셨습니다."

2014년 2월 2일

김제희망교회 작은 골방에서

서 대 운 목사

차 례 contents

01 예수님 믿은 지 4년 된 목사(?)

나는 예수님을 믿은 지 4년이 되었는데 목사가 되어 있다.

'예수님 믿은 지 4년밖에 안 된 사람이 어떻게 목사가 되나?'

신학교 과정만 해도 학부 4년, 대학원 3년, 도합 7년이 걸리고, 강도사 1년 후 목사 안수를 받는다 해도 족히 8년은 필요하다. 이에 대한 해답은 이 책의 후반부에 분명하게 나타나게 될 것이다.

성장 배경 – 작은 희망의 씨앗

어린 시절, 나의 가정은 가난하지도, 부하지도 않은, 전형적인 농촌의 평범한 가정이었다. 그리고 불교에 유교에 조상 숭배까지 혼합된 집안이었다.

나의 고향 전남 영암군 삼호면 용당리에는 삼호면에서 세 번째로 큰 호수가 있었다(지금은 논으로 바뀌었다.). 그 호수는 '용이 격동한다' 고 해서 '용당리' 라고 불렀다.

또한 우리 마을 사람들 대부분은 '청룡사' 라고 하는 절을 다녔다. 나 역시 사월 초파일(석가탄신일)이 되면 하루 종일 친구들과 청룡사에서 놀다가 저녁 때가 되면 연등을 들고 줄을 지어 '석가모니 불' 을 외치며 마을마다 땅 밟기를 했던 기억이 난다.

반면 용당리에는 서너 곳에 교회가 있었다. 나는 성탄절이나 여름성경학교 행사가 시작될 무렵이면 친구들과 함께 교회를 가곤 했다. 물론 믿음이 있어서가 아니라 특별한 선물도 받고, 맛있는 간식을 풍성히 받을 수 있기 때문이었다. 친구들 중에는 그때 교회에 갔다가 붙들려 빠져나오지 못하고 계속 교회를 다녀야 하는 친구들도 있었다. 그러나 나는 교회 행사가 끝나고 나면 부모님 핑계를 대고 교회를 다니지 않았다. 그야말로 '행사용 교회학생' 이었다. 지금 생각해 보면 교회학교 선생님들의 마음을 많이 아프게 했던 얌체 같은 아이였다. 이런 나도 하나님은 버리지 아니하시고 하나님의 때에 불러 주셔서 목사가 되게 하셨으니 참으로 놀라운 하나님의 은혜다.

시간이 지나 교회학교 교사가 되고 전도사가 된 후에 늘 강조한 것 중 하나는 '믿지 않는 아이들이라도 교회에서 놀게 하자', '일회성 어린이 초청 잔치나 교회 행사라도 자주 하자',

'불신자들이 단 한 번이라도 교회 문턱을 밟게 하고 하나님의 말씀을 듣게 하자' 였다. 나같이 불신 가정에서 자라서, 교회를 선물 받는 곳, 놀러 다니는 곳으로 여겼던 철부지 아이가 지금은 복음을 전하는 목회자가 되어 있지 않는가?

"하나님이 모든 것을 지으시되 때를 따라 아름답게 하셨고 또 사람들에게는 영원을 사모하는 마음을 주셨느니라 그러나 하나님의 하시는 일의 시종을 사람으로 측량할 수 없게 하셨도다(전 3:11)."

※

"한 번 물면 놓지 않는다."고 어느 전도자가 말했던가? 4학년 때쯤 성탄절 무렵에 친구가 성탄절 연습을 한다길래 따라갔는데 교회학교 선생님이 성극을 하는데 목자3이 필요하다면서 나에게 목자3을 하라는 것이었다. 재미있을 것 같아 목자3 역할을 맡아 연습하느라 몇 날을 교회에서 지내게 되었다. 그때 나를 잘 챙겨 주셨던 이은희 집사님(지금은 목사님이 되셨다.)이 계셨다. 늘 나에게 칭찬과 격려를 해 주시면서 나를 위해 기도해 주시곤 하였다. 또 "우리 대운이는 하나님이 귀하게 쓰실 거야." 하시면서 항상 내게 관심을 보여 주셨다.

성탄절, 성극을 마쳤는데 교인들이 나를 보면서 "뉘집 아들이여? 진짜 잘했다." 하며 칭찬을 해 주셨다. 사실 내가 한 것은 교회 성가대 가운을 뒤집어쓰고 머리에 묶어서 목자 분장을 하고 나무막대기를 들고 가만히 서 있는 것이었다. 지금 생각해 보면 교인들이 나를 격려하기 위해 잘했다고 칭찬했던 것 같다.

문제는 성탄절이 지난 후에 시작되었다. 나의 계획대로라면 성탄절도 지나고 선물도 간식도 풍성히 받았으니 이제는 교회에 나갈 이유가 없었다. 그런데 주일만 되면 이은희 집사님이 우리 집을 찾아오는 것이었다.

"대운아~ 대운아~ 교회 가야지? 어서 나와~"

집사님이 부르는 소리가 나면 이불을 뒤 집어쓰고 죽은 듯 잠자는 척했다. '부르다가 안 나오면 가겠지?' 속으로 생각하고 돌아가기만을 기다리고 있는데 집사님이 한참을 부르더니 방문을 열고 들어오시는 것이다. 그리고는 이불을 제치고 나의 손을 잡아 일으켜서 말없이 옷을 입히고 양말까지 챙겨 주고 교회로 데려갔다. 다음 주도, 그 다음 주도…. 그렇게 주님은 신실한 한 사람의 교회학교 선생님을 통해 나를 주님 앞으로 인도해 주셨다.

그렇게 시작된 교회생활은 중학생 시절을 교회 안에서 자라게 했고, 고등학교 2학년까지 교회를 떠날 수 없었다. 교회가 좋아지고, 집보다 편하고 즐거웠다.

그러던 중 대학을 가야 한다는 이유로 고등학교 3학년에 들어서면서 교회를 나가지 못했다. 대학에 진학하면 다시 나오겠다고 인사를 하고 교회를 떠난 것이다. 하지만 결국 대학 진학에 실패하고 말았다. 대학 진학을 핑계로 교회생활도 포기했는데 대학을 떨어졌으니 부끄러워서 교회도 갈 수 없었다.

나는 마음 둘 곳이 어디에도 없었다. 하루가 멀다 하고 술과 폭력으로 온 집안을 전쟁터 같은 분위기로 만들어 버리는 아버지 때문에 집안도 평화로운 날이 없었다.

그러던 어느날, 가출을 결심하고 무작정 집을 뛰쳐나왔다. 마침 목포 뒷골목에 대학을 실패했거나 일찌감치 진학을 포기했던 친구들이 함께 지내는 곳이 있다는 소문을 들었고, 나도 그들과 합류하게 되었다. 그 친구들은 대부분 당구장, 노래방, 심지어는 호프집, 룸살롱에서 아르바이트를 하며 살아가고 있었다. 나 역시 노래방 카운터를 보는 아르바이트를 하면서 허랑방탕한 삶을 살게 되었다.

그렇게 지낸지도 6개월쯤 되었다. 왠지 이 생활이 지겨워지기 시작했다. 나는 분신처럼 가지고 다니던 것이 있었는데 그것은 손바닥보다 작은 라디오였다. 그 라디오를 듣는 것이 나의 유일한 낙이었다.

어느날, 새벽녘에 잠이 깨더니 도무지 잠이 오지 않았다. 그래서 라디오를 꺼내서 채널을 맞추기 시작했다. 그런데 갑자기 라디오에서 찬송이 흘러나왔다. 예전 찬송가 315장 "돌아와 돌아와 집을 나간 자여~" 하는 찬송이었다. 찬송의 가사가 구구절절 나를 향한 노래였다. 아니, 찬송 가사의 주인공이 내 모습과 같다는 생각이 들었다. 나도 모르게 찬송을 끝까지 들었는데 이어서 목사님의 설교말씀이 나왔다. 그 말씀은 누가복음 15장의 "탕자의 비유"에 대한 말씀이었다. 하나님은 그 새벽에 나를 깨우시고 목포 지역 기독교 방송인 아세아 극동방송(목포 AM1566Mhz)을 통해서 나의 마음을 움직여 주셨고, 내 모습을 돌아보게 해 주셨다.

다음날 아침, 날이 밝자마자 지난 6개월간의 허랑방탕한 삶을 청산하고 집으로 가기로 결단했다. 그러나 문제는 아버지였다. 6개월 동안 연락 한 번 안 하고 소식도 없이 지내다가 돌아온 나를 가만두지 않을 것이라는 두려움이 몰려왔다. 그러나 지금 돌아가지 않으면 더 어려울 것 같은 생각이 들었다. 두 마음이 내 안에서 계속해서 충동질했다.

그러다 내린 결론은 '설마 죽이기야 하겠어? 때리면 맞자!' 였다. 마음을 단단히 먹고 두렵고 떨리는 마음으로 집으로 향했다. 조마조마한 마음으로 집에 들어서자마자 아버지와 마주치고 말았다. 나도 모르게 "아부지, 다녀왔습니다." 인사를 하는데 평소에 그토록 무섭던 아버지가 미소를 지으며 "뭣하고 이제사 오냐? 배고프것다. 밥 묵어라." 하시는 것이 아니겠는가? 아버지의 반응은 내게는 기적 같은 일이었다. 지난 새벽에 들었던 탕자의 비유의 설교 내용이 그대로 나에게 이루어진 것 같았다. 지금 생각해도 기가 막힐 일이다. 사랑하는 주님이 아버지의 마음을 부드럽게 하신 것 같다. 그후로 다시 입시학원을 접수하고 연말에 대입 시험을 보고 대학에 진학하는 기쁨을 더하여 주셨다.

인생에 대한 회의와 절망이 찾아오다

그렇게 꿈에 그리던 대학에 합격하였다. 비록 지방의 작은 대학이었지만, 합격했다는 것만으로도 세상을 다 얻은 것 같이 기뻤다.

그러나 기쁨도 잠깐이었다. 학교가 신설된 지 몇 년 안 되어서 캠퍼스는 공사장 분위기였다. 겨우 강의동과 식당만 있을 뿐, 건물도 몇 개 되지 않았다. 캠퍼스의 낭만 같은 것은 어디에서도 찾을 수 없었다. 성격이 내성적이고 소심한지라 친구를 사귀는 것도 쉽지 않았다. 공부할 마음도 사라졌다. 학교를 다니고 싶은 마음도 식어졌다. 거기다가 인생에 대한 회의가 파도처럼 밀려오기 시작했다. 학교도, 가정도 평안과 안식이 없었다. 친한 친구도, 마음을 나눌 가족도 없었다. 앞으로의 삶의 목표와 비전도 없었다. 날이 갈수록 인생의 회의는 더 크게 밀려왔다. 아침이 되면 하루를 살아가는 것이 두렵고 지겨웠고, 밤이 되면 어둠이 무서워서 빨리 아침이 되기를 기다렸다. 어느날은 나도 모르게 학교 건물 7층 옥상으로 올라가 뛰어내리고 싶은 충동이 들기도 했다.

그렇게 자살의 충동까지 느끼며 절망 중에 수개월이 지나갔다. 그날도 별 의미 없이 하루를 보내고 집에 가기 위해 스쿨버스에 몸을 실었다. 하루 종일 막노동을 하고 집으로 돌아가는 사람처럼 온갖 피곤함에 몸도 맘도 지친 상태로 눈을 감고 있었다.

차가 출발한 지 얼마쯤 지났을까? 차 안 어디선가 이런 대화가 들렸다.

" 자연계의 자연 법칙이 있듯이 하나님과 사람사이에도 영적인 원리가 있습니다.

제1원리 – 하나님은 당신을 사랑하시며 당신을 위한 놀라운 계획을 가지고 계십니다.

제2원리 – 사람은 죄에 빠져 하나님으로부터 떠나있습니다. 그러므로 하나님의 사랑과 계획을 알 수 없고 또 그것을 체험할 수 없습니다.

제3원리 – 예수 그리스도만이 사람의 죄를 해결할 수 있는 하나님의 유일한 길입니다. 당신은 그를 통하여 당신에 대한 하나님의 사랑과 계획을 알게 되며, 또 그것을 체험하게 됩니다.

제4원리 – 우리는 개인적으로 예수 그리스도를 '나의 구주, 나의 하나님' 으로 영접해야 합니다. 그러면 우리는 우리 각 사람에 대한 하나님의 사랑과 계획을 알게 되며, 또 그것을 체험하게 됩니다."

나도 모르게 눈을 감은 채 그들의 대화에 귀를 기울이게 되었다. 내가 앉은 자리와는 많이 떨어져 있었지만 마치 내 옆에서 나에게 이야기하는 것같이 느껴졌다. 계속해서 듣는데 기도를 따라해 보라고 한다. 나도 모르게 속으로 기도를 한 마디 한 마디 따라하기 시작했다.

'주 예수님, 나는 주님을 믿고 싶습니다. 십자가에서 죽으심으로 내 죄값을 담당하시니 감사합니다. 지금 나는 내 마음의 문을 열고 예수님을 나의 주 나의 하나님으로 영접합니다. 나의 죄를 용서하시고 영생을 주심을 감사합니다. 나를 다스려 주시고 나를 주님이 원하시는 사람으로 만들어 주옵소서. 예수님의 이름으로 기도합니다. 아멘.'

'이 기도가 마음에 드십니까?' 라는 물음에 나의 머릿속에 어린 시절 놀이 삼아 교회를 다녔던 일, 교회를 떠나 방황하며 가출하여 허랑방탕하게 생활했던 일, 순간순간 자살하려고 옥상에 올라갔던 일까지 영화의 필름처럼 순식간에 지나가는 것이었다. 그리고 내 마음에 "대운아, 내가 너를 안다. 내가 너와 함께하고 있었다. 그리고 지금도 내가 너와 함께한다." 라는 주님의 음성이 내게 들리는 듯했다.

나를 아시고 나의 마음을 아시는 주님이 항상 내 곁에 계셨다는 말에 눈물이 핑 돌았다. 그리고 가슴 깊은 곳에서 솟구치는 기쁨과 감격 때문에 눈을 뜰 수가 없었다.

한참을 그렇게 눈물을 흘리며 있다가 눈을 떠 보니 이야기하던 사람들은 내리고 없었다. 그날부터 내 마음에 도무지 알 수 없는 가슴 벅찬 '희망'이 생겼다. 그날 아침처럼 햇살이 눈부시고 아름다운 날은 이전에 없었다. 빨리 학교에 가고 싶었다. 수많은 학생들을 볼 때에 하나같이 예뻐 보였다. 그리고 세상이 아름다워 보였다. 그리고 어제 하나님에 대해 이야기했던 사람을 찾고 싶었다. 만나보고 싶었다.

그렇게 며칠이 지났을 때 어느 빈 강의실에서 찬송하는 소리가 들려서 그곳을 찾아갔다. 열 명도 안 되는 학생들이 예배를 드리고 있었다. 그리고 그곳에 며칠 전에 버스에서 전도했던 음성의 여인이 있었다. 그분은 목포CCC(한국대학생선교회) 최영란 간사님이었고, '4영리'라고 하는 전도용 소책자를 읽어 주며 전도한 것이었다. 얼마 후 최영란 간사님은 다른 캠퍼스로 가셨지만 그 시간은 내 인생의 전환점이었다.

그후 나는 대학생선교회 회원으로 활동하면서 순장이 되고, 캠퍼스 대표 순장을 하면서 삶의 목표와 비전을 세우게 되었다. 나처럼 인생에 대한 회의와 절망으로 방황하는 청년들에게 예수님을 전하는 것이 나의 유일한 소망이었다. 아침이면 매일같이 학교에 일찍 도착해서 찬양을 하며 동아리 회원들과 등교하는 학생들에게 예수 그리스도의 복음을 선포했다. 두려움도, 부끄러움도 없었다. 교문 앞 찬양 전도가 끝나면 아침기도 모임을 하고, 점심에는 순모임, 저녁에는 목포 CCC 회관에서 훈련을 받으며 '복음을 위해 살겠다' 는 꿈을 키워갔다.

당시 목포 CCC에서 나에게 별명을 지어 주었는데 "파편 맞은 노루"였다. 마치 사냥꾼이 쏜 총의 파편만 맞아도 언젠가는 쓰러지는 것처럼 다른 사람에게 전한 복음을 엿듣다가 예수님을 영접했다는 내 간증 때문이었다.

지금은 목포에서 목회를 하시는 당시 목포 CCC 대표간사님이셨던 최근세 목사님을 뵐 때마다 "복음의 파편 맞은 서대운 형제"라며 반갑게 맞아 주시곤 한다. 그렇게 주님은 멀리 계신 막연한 하나님이 아니라 나를 아시고 나와 언제나 함께하시는 '나의 주 나의 하나님' 으로 모시게 되었다. 이 모든 것을 주님이 하셨다.

예수님을 영접하고 믿음이 뜨거워지면서 교회 가는 시간이 많아졌다. 아니, 거의 교회서 살다시피 했다.

운전면허증 취득하면 평생 새벽 차량 운행할게요

이제는 교회가 너무 좋았다. 교회를 떠나서는 살 수 없을 것 같았다. '교회를 위해 내가 할 수 있는 일이 없을까?' 늘 관심을 기울었다. 예배당 청소, 교회 마당 청소, 교회 차 세차 등 교회일은 도맡아하기 시작했다. 주일학교 교사, 구역 인도자, 청년부 회장, 성가대, 예배 전 찬양 인도 등 교회일이라면 물불 안 가리고 봉사했다.

어느날, 새벽예배를 나갔다가 연세 드신 목사님이 새벽 차량 운행을 하시고, 새벽예배를 인도하시고, 또 차량 운행을 하시고, 다시 오셔서 기도하시는 것을 보았다. 나의 마음에 목사님이 너무 힘들어 보였다. 그래서 그때부터 하나님께 기도하기 시작했다.

'하나님, 저 운전면허증 따게 해 주세요. 그러면 평생 새벽 차량 운행할게요.'

당시 내가 운전면허학원을 다닌다는 것은 불가능한 일이었다. 그래서 학원을 다니지 않고 운전면허시험을 보기 위해 운전면허시험장을 찾아갔다. 주위 사람들은 "학원 안 다니면 10명 중 8명은 떨어진다."고 했다. '그러면 학원 안 다니고도 두 명 정도는 붙을 수 있다는 말이네?' 라고 생각하고 필기시험을 봤다. 필기는 문제집을 공부했기에 무난히 합격했다. 실기가 문제다. 그래서 내 앞에 시험을 보는 사람들을 자세히 살폈다.

드디어 나의 순서가 되었다. 긴장이 되어서 가슴이 너무나 뛰었다. 아니나 다를까! 두 번째 코스에서 탈락하고 말았다. 그래도 첫 번째 코스를 통과한 것은 나에게 용기를 주었다. 바로 접수처에서 다음 시험을 접수하고 돌아왔다. 교회 선배에게 초등학교 운동장에서 그림을 그려놓고 코스 연습을 준비했다. 2

차 시험 날이 되었다. 여전히 가슴이 뛰고 긴장이 되었다. 나의 순서가 다가오자 작은 포켓성경을 읽기 시작했다.

"대저 여호와는 너의 의지할 자라 네 발을 지켜 걸려 넘어지지 않게 하리라(잠 3:26)."

이 말씀을 읽는데 마음의 긴장이 사라지고 '하나님이 나의 의지할 자며, 나의 발을 걸려 넘어지지 않게 하시겠다'는 확신을 주셨다.

순서가 되어 차량에 앉는 순간 편안한 마음이 들었다. 안전벨트를 매고 기어를 넣고 클러치를 서서히 띄면서 자연스럽게 운전을 하였다. 결과는 "합격"이었다. 바로 이어지는 주행 시험도 "합격"이었다. 그때의 기쁨은 천하를 얻은 기쁨이었다. 그후로 교회 새벽 차량을 시작해서 지금까지 20년 동안 특별한 일 빼고는 새벽 차량 운행을 쉬어본 적이 없다. 신학교를 다니던 전도사 시절에도, 규모 있는 교회의 수석 부목사로 사역할 때에도 자청해서 새벽 차량을 도맡아 운행했다. 담임목사가 된 지금도 4년째 새벽 차량을 운행한다. 나는 기도한다.

"주님, 이제는 저도 담임목사니 기도할 시간을 주세요. 나처럼 새벽 차량에 사명을 가지고 헌신할 일꾼을 붙여 주세요."

언젠가는 주님이 응답해 주실 줄 믿는다.

✕

나의 나 된 것은 새벽기도 차량 운행 때문이기도 하다. 힘들어도 해야 하고, 피곤해도 해야 하고, 때로는 하기 싫어도 해야 했던 새벽 차량 운행이다. 이 일을 통해서 주님은 내게 새벽을 깨우게 하셨다. 그리고 기도하게 하셨다. 또한 기도의 동역자들을 붙여 주셨다. 나의 새벽 차량을 타시는 모든 분들이 나의 신실한 기도의 동역자들이 되어 주셨다. 난 새벽 차량 운행 때문에 복 받은 청년이었고, 복 받은 사역자였고, 복 받은 목회자이다. 그렇게 나의 신앙을 깊어지고 넓어지고 높아져 갔다.

교회 가면 떡이 나오냐? 밥이 나오냐?

나의 믿음이 깊어질수록 교회에서의 지내는 시간이 많아졌다. 그럴수록 믿지 않던 아버지의 핍박은 점점 심해졌다.

"이놈의 자슥아! 교회 가면 밥이 나오냐? 떡이 나오냐? 교회 다닐 거면 집도 나가!!"

나는 속으로 중얼거렸다.

"교회 가면 밥도 주고 떡도 주던데…."

그런 과정 속에서 어느날, 아버지는 평소처럼 술을 드시고 또 다시 핍박하기 시작했다. 교회 다니고 네 멋대로 살려면 집을 나가라는 것이다. 견디다 못해 교회로 가서 한참을 기도하고는 마주보이는 집을 바라보았다. 집이 불에 타는 것 같았다. 아버지가 집에 불을 질렀다는 생각이 들었다. 그 순간 나는 교회 현관에 기대어 이런 고백을 드렸다.

'하나님, 이제 저는 집도 없습니다. 하나님이 저의 처소가 되어 주세요. 하나님, 저에게는 아버지도 없습니다. 하나님이 저의 아버지가 되어 주세요.'

그때가 집과 부모를 주와 복음을 위해 포기하는 시간이었다.

그래도 불은 꺼야겠기에 함께 기도하던 이재찬 형제와 집으로 갔다. 다행히 집은 이상이 없었다. 아버지가 내 방에 있던 이불이며 성경책을 비롯한 모든 것들을 마당에 던지고 불태웠는데 멀리서 보니 집이 불탄 것같이 보였던 것이다. 불이 꺼지고 잿더미 속에서 발견된 것은 "나의 힘이신 여호와 내가 주님을 사랑하나이다(시 18:1)."라는 성구였다. 성구액자는 다 타버리고 동판으로 된 성구만 남아 있었다. 이 말씀은 지금까지도 내가 가장 좋아하고 가슴에 새겨진 말씀이 되었다.

얼마가 지났을까? 새벽기도를 하는데 문득 아버지의 영혼이 불쌍한 마음이 들었다. 이 땅 에서도 그토록 고생하고 살아왔는데 죽어서 지옥에 간다고 생각하니 아찔해짐과 동시에 너무 불쌍해졌다. 기도를 중단하고 4영리 전도책자를 들고 아버지 앞으로 갔다.

"아버지, 드릴 말씀이 있습니다."

나는 아버지께 4영리 전도책자를 읽어드렸다. 그리고 영접

기도를 따라하라고 말씀드렸다. 그러자 아버지는 단 한마디를 던지며 거절했다.

"너나 믿어라."

이 말은 나의 인생의 또 한 번 전환기적인 사건이었다. 아버지 입에서 "너나 믿어라." 하는 말은 나에게 "너는 믿어도 좋다."는 말로 들렸다. 나의 추측은 100퍼센트 적중했다. 그후로 아버지는 나의 신앙생활에 그 어떤 방해도, 핍박도 하지 않으셨다.

나중에 아버지에게 들은 이야기로는 그날 새벽에 갑자기 전도지를 들고 복음을 전하는 나를 보면서 '이 자식이 완전히 교회에 미쳤구나. 그 정도 되면 지 앞가림은 하겠다.' 하는 생각이 들었다고 한다.

아버지는 제법 영리하고 똑똑했던 나를 동네 사람들에게 자랑하고 다니셨다.

"이놈은 군수가 될 거여. 못해도 면장감이여!"

그런데 교회에 빠진 것이 아버지는 아쉬웠다는 것이다. 자식을 사랑하는 아버지의 마음을 조금이나마 알게 되었다.

그러나 군수보다 더 귀한 목사가 되었으니 얼마나 좋은 일인가? 가문의 영광이다. 그렇게 나의 신앙생활은 날개를 단 듯 승승장구했다.

나를 따라오너라! 내가 너로 사람 낚는 어부가 되게 하리라!

그렇게 열심히 훈련받고 복음을 전하던 중 주님은 1998년 12월에 "말씀하시되 나를 따라 오너라 내가 너희로 사람을 낚는 어부가 되게 하리라(마 4:19)."라는 말씀으로 나를 부르셨다. 나는 주님께 대답했다.

'주님, 저는 아직 나이도 어리고, 인생 경험도 없고, 아직 배워야 할 것도 많습니다. 공부도 좀더 하고 많은 경험도 쌓아서 준비한 후 주님 따라갈게요.'

그러나 주님의 부르심은 단호했다.

"일단 나를 따르라. 그리하면 사람 낚는 어부 되는 모든 경험과 방법, 할 일을 가르쳐 주겠다."

더이상 물러설 수가 없었다. 주님은 일단 따라오라는 것이었다.

"예, 주님! 그러면 주님을 따라가겠습니다. 그런데 주님도 아시다시피 저는 저를 위해 기도해 줄 사람이 없어요."

주님은 나에게 그동안 선교단체에서 훈련했던 방법 중 '기도편지'를 쓸 마음을 주셨다. 내게 주신 마음을 갖고 기도편지를 써서 300장을 인쇄한 후 만나는 사람들에게 건네며 기도를 부탁했다.

그때 시작했던 중보기도자 "기드온의 300용사"가 지금까지 나의 삶과 사역을 이끌어 가게 하셨다.

지금도 곳곳에서 나를 위해 기도해 주는 "기드온의 300용사"들이 있기에 계속하여 달려갈 수 있다.

02 본토 친척 아비 집을 떠나라

"여호와께서 아브람에게 이르시되 너는 너의 고향과 친척과 아버지 집을 떠나 내가 네게 보여 줄 땅으로 가라 내가 너로 큰 민족을 이루고 네게 복을 주어 네 이름을 창대하게 하리니 너는 복이 될지라(창 12:1-2)."

신학교 화장실에서도 은혜를 받다

1999년 3월, 신학대학교 3학년으로 편입하게 되었다. 신학대학교 대학부 1년은 천국의 삶이었다. 모든 것이 은혜였다. 공부하는 것도 은혜요, 매일 드리는 채플시간도 은혜요, 기숙사 생활도 은혜요, 하물며 화장실에서도 은혜를 받았다.

일반대학 시절 제일 지저분하고 조잡하고 더러운 곳이 화장실이었다. 온갖 음담패설, 음란한 그림들이 그려져 있기도 했다. 그런데 신학대학교는 화장실에도 성경말씀이 기록되어 있었다. 나로서는 문화 충격 그 자체였다. 강의를 시작하기 전 찬송과 기도로 시작하고, 강의가 끝나면 찬송과 기도로 마친다.

그렇게 신학생이 되어 고향 교회 협동 교육전도사가 되었다. 얼마 전만 해도 교회 청년이요, 주일학교 교사였는데 갑자기 전도사가 되고 보니 부르는 사람도 어렵고 듣는 나도 무척이나 불편했다. 선지자는 고향에서 환영받지 못한다고 했던가? 계속 모교회에 있을 수 없었다.

어느날은 주일학교 학생들과 성경공부를 하고 있는데 장로님께서 오시더니 "어~ 대운이! 나 교회차로 집에 좀 태워 주지?" 하시는 것이다. 아무리 그래도 전도사인데 주일학교 학생들 앞에서 장로님이 그렇게 하시다니! 참 마음이 어려워졌다. 이런 일들은 빈번하게 일어났다.

그러던 중 광주에서 개척교회를 세우신 처형이 함께 사역할 것을 요청했다. 이런저런 이유로 6개월이 지난 후 한 번도 떠나보지 않았던 고향을 떠나기로 결정했다. 봉고차에 쌀 한 포대, 옷, 책을 싣고 결혼한 지 3개월밖에 되지 않은 아내와 함께 광주로 올라왔다. 그날따라 장대 같은 비가 얼마나 내리던지 앞이 안 보일 정도였다.

막상 고향집을 떠나기는 했지만 마땅히 거처할 집도 없었다. 상가 지하에서 개척하는 처형 교회 유아실이 우리가 거처할 곳이었다. 살림은 없으니 별 어려움은 없었는데 지하실이다 보니 습기가 너무 심해서 도저해 살 수가 없었다. 거처를 위해 기도하던 중 영세민 아파트에 청각 장애우가 사는데 함께 살면서 돌봐 줄 사람이 필요하다고 동사무소에서 연락이 왔다. 9평이기에 세 명이 살기에 넉넉하지는 않지만 교회 유아실에 비하면 너무 좋은 곳이었다. 그곳에서 6개월을 사는 동안 불편함도 많았지만 주변의 아이들에게 새소식 반을 통해 복음을 전할 수 있었다. 또 작은 개척교회를 섬기면서 함께해 주셨던 성도들의 사랑을 생각하면 너무나도 귀하고 감사한 시간들이었다.

"서 전도사야! 집이 불났어야. 어째야 쓰까?"

고향을 떠나온 지 3개월쯤 되었을 때의 일이다. 새벽 차량 운행을 마치고 집으로 들어가려는데 시골집에서 어머니의 다급한 전화가 왔다.

"서 전도사야! 집이 불나서 다 타불었어야! 어째야 쓰까? 왔다갈 수 있것냐?"

그 길로 시골집을 향했다.

집이 불타버린 것보다 더 걱정이 되는 것은 예수님을 믿기로 하고 교회에 나간 지 1년도 안 되는 아버지였다. 교회 나오시기 전에 사소한 일만 잘못되어도 내가 예수님을 믿어서 생겼다고 하시며 핍박하시던 분이다. 어느날은 마당에 고추를 말리기 위해 가득 펴놓고 교회를 갔는데 하필이면 장대 같은 소낙비가 내려서 고추가 절반은 썩는 일이 있었다. 아버지는 "느그들이 교회 다닌께 봐라! 되는 일이 뭐가 있냐? 이놈의 새끼들아!" 하시며 화를 내셨고, 그날 하루 종일 집에도 들어가지 못한 적도 있었다. 그런데 고추 정도가 아니고 집이 화재로 전소되었으니 이를 어쩌면 좋을까!

"이제 우리 아부지 교회 나가기는 틀렸다. 주님, 어떻게 해요? 아버지 마음을 붙잡아 주세요."

간절히 기도하면서 집에 도착했다. 과연 집터만 남고 완전히 전소되고 말았다. 차 소리를 듣고 아버지께서 오셨다. 아버지는 "개안하게 타브렀다야~" 하시며 너털웃음을 지으셨다. 한결 안심이 되었다. 그런데 이어서 "예수 믿으면 제사 지내면 안 된다더니 제사 지내다가 이렇게 됐다야~"라고 하시는 것이다. 내용인즉 제사를 지내기 위해 제사상을 차려놓고 잠깐 주무셨는데 그사이에 제사상에 켜두었던 양초가 넘어져서 불이 난 것이다.

조금만 늦게 일어났더라면 큰 인명 피해를 입을 뻔했는데 밖에서 부르짖는 어머니의 소리에 겨우 잠에서 깨어 마당으로 뛰쳐나오셨단다. 그리고 바로 아버지가 누워계시던 안방에 불이 옮겨 붙고 천장이 불길에 내려앉았단다. 이 얼마나 아찔한 순간인가? 아버지는 살아나온 것만도 하나님이 도와주셨다고 고백했다. 너무나 기쁘고 감사했다.

〈집에 불이 나서 전소되고 감사했던 9가지 감사제목〉

1. 집에 불이 나서 예수님을 믿은 지 1년도 안 된 아버지가 시험에 들까 걱정했는데 오히려 웃으시니 감사.
2. 제사를 지내다 불이 나서 교회 다니면서 제사 지낸 것이 잘못된 것이라 고백하시니 감사.
3. 잠들어 큰 사고가 날 뻔했는데 머리 털끝 하나 상하지 않게 하신 것 감사.
4. 집이 오래되서 비 오면 비가 새고, 구석구석 쥐들의 놀이터였는데 새 집을 지을 기회가 되어서 감사.
5. 자자손손 조상 숭배 하던 가문이었는데 이제는 제사 안 지내고 하나님만 믿겠다고 결단하시니 감사.
6. 불이 나면 좋은 일이 생길 징조라고 긍정적으로 생각하시니 감사.
7. 이전에 안 믿던 모든 것들을 한꺼번에 태워버리고 모든 것을 새롭게 시작하게 하시니 감사.
8. 보이는 집은 타서 없어졌지만 보이지 않는 믿음의 집을 짓게 되니 감사.
9. 이 모든 일에 감사하게 하신 하나님께 감사.

이 일이 있은 후 우리 가정에는 많은 변화가 일어났다. 대대로 이어오던 제사 문제를 단번에 해결해 버렸다. 전답 농사를 짓기 위해 남의 제사를 지내 주던 시제도 다 놔버렸다. 주님은 비록 조립식 건물이지만 새 집을 짓게 하셨다. 집이 전소된 이후 첫 번째로 맞이하는 추석 명절에 제사상을 차리고 제사하는 대신 온 가족이 감격스러운 감사예배를 드리게 하셨다. 이런저런 과정을 통해서 하나님은 나 자신만 아니라 우리 가정에 크고 놀라운 일들을 이루어 가셨다. 이제는 안심하고 '본토 친척 아버지 집을 떠나' 자유롭게 나의 신앙과 사역의 항해를 시작할 수 있게 하셨다.

고향을 떠나온 지 6개월 동안의 혹독한 훈련을 통과한 후 드디어 정식으로 안정된 교회 교육전도사로 사역을 할 수 있게 되었다. 그곳이 바로 내 인생의 최고의 복을 누리게 하시고, 광주에서의 삶을 정착케 하시고, 사역을 배우고, 사랑하는 삶을 배우게 했던 '광주성도교회' 이다.

이름만 불러도 좋은 교회, 생각만 해도 감사했던 성도들, 오늘의 내가 있도록 키우고, 다듬고, 세워 주었던 교회! 또한 울퉁불퉁 모난 돌처럼 아무런 쓸모없던 나를 사랑으로 다듬어 주시고, 품어 주시고, 7년을 한결 같이 기다려 주셨던 사랑하는 김용대 목사님! 생각할수록 감사뿐이 나오지 않는다. 또한 늘 뒤에서 영적 아버지로서 나의 멘토가 되어 주셨던 김명남 목사님을 만나게 하셨으니 또한 감사드린다.

나의 사역과 삶의 희망 인큐베이터 광주성도교회

성도교회 교육전도사로 부임할 당시 담임목사님도 부목사에서 담임목사로 위임을 받은 지 몇 개월 되지 않으셨다. 목사님과 면접을 하는 가운데 너무나 귀한 말씀을 해 주셨다.

"나는 한 번 내 품에 들어온 사람은 자기가 싫어서 나가지 않는 이상 내 손으로 내보내지는 않습니다. 그러니 앞으로 소신껏 사역하면서 함께 갑시다."

이 말씀은 그저 하시는 말씀이 아니었다. 약 8년 동안을 내가 생각해도 나 같은 부교역자는 내보내야 할 때가 한두 번이 아니었는데 목사님은 내보내지 않으셨다. 오히려 나에 대한 부정적인 말들이 있을 때마다 막아 주시고 거두어 주셨다. 오늘의 서대운 목사는 사랑하고 존경하는 김용대 목사님이 계셨기에 있을 수 있던 것이다. 지금도 나는 하나님 다음으로 목사님을 존경하고 사랑한다.

✕

첫해 부임해서 어린이 주일학교를 맡게 되었다. 장년 규모에 비해 주일학교는 무척 열악했다. 유치부, 초등부 합해야 30명이 채 되지 않았다. 학생 수가 적다 보니 지하 예배실에서 예배를 드렸다. 나의 목표는 빨리 아이들을 습기 차고 곰팡이 냄새나는 지하실에서 본당으로 올려보내는 것이었다. 그러기 위해서는 반드시 주일학교를 부흥시켜야 했고, 그래서 내세운 구호가 "비전 003/200 작전!"이었다. 앞으로 2003년까지(2년 후) 200명의 주일학교를 만드는 것이 목표였다. 이 일을 위해 교사들을 훈련시키기 시작했다. 그리고 밤마다 모여 기도하기 시작했다. 주말에는 학교 앞에서 전도를 실시했다. 새소식 반을 개설했고, 어린이 초청잔치를 실시했다. 그해 성탄절에 주일학교 인원은 120명으로 부흥했다. 성탄예배와 함께 본당을 차지하고, 본당에서 예배드리던 중·고등부가 지하 예배실로 내려갔다. 3년이 지난 후 28명이던 주일학교는 250명까지 부흥하게 되었고, 주일학교를 위한 교육관 '디모데 하우스'를 건축하게 되었다.

주일학교가 활성화되면서 어린이 리더를 키우기 시작했다. 어린이 리더들이 세워지자 캠프를 진행하고 타교회 주일학교까지 섬길 수 있는 기회를 주셨다. 나는 어린이를 전도하기위해 오렌지색으로 머리를 염색하고 다녔다. 머리를 염색하고 신학대학교에 갔더니 학생들이고, 교수님이고 다들 핀잔을 주었다. 나는 어린이들을 전도할 수만 있다면 그 정도는 감당할 수 있었다. 그때 함께 기도하고 동역했던 교사들은 지금도 나의 신실한 기드온 300용사가 되어 하나님 나라와 선교 완성을 위해 함께 달려가고 있다.

주일학교가 부흥되고 안정이 되자 중?고등부로 사역을 옮기게 되었다. 중·고등부 역시 숫자적으로 많은 부흥은 아니었지만 내실 있게 세워져 갔다. 그후 청년부를 거쳐 빌립전도특공대를 맡아 본격적인 장년전도의 노하우를 쌓게 되었다. 지금의 전도의 많은 부분이 그때 경험했던 시간들의 결과이다.

바보들의 행진 - 120명 태국 단기선교

성도교회 사역에서 잊지 못할 또 하나의 사역은 장년 350명 정도 출석하는 교회에서 120여 명이 한꺼번에 태국 옴꼬이 예수원이라는 곳으로 단기선교를 간 것이다. 선교단체도 아니고, 중대형 교회도 아니고, 연합한 것도 아닌 작은 교회에서 120명이 단기선교를 가는 것은 결코 쉬운 일이 아니었다. 가장 큰 문제는 재정이었다. 당시 항공료만 해도 1억 원 가까이 책정되었다. 전세기를 띄울 정도였다. 그런데 그 많은 재정을 만들어내는 일은 그야말로 '바보들의 행진' 이었다.

우선 단기선교를 위한 선교바자회를 진행했다. 자기들의 물건을 전부 내놓고 필요에 따라 자기들이 돈을 지불하고 사간다. 수입금은 전부 선교후원금이 된다. 수많은 음식 재료들을 무상으로 제공하고, 음식을 만들어서는 돈을 주고 사먹는다. 수입금은 전부 선교후원금이다. 예배를 드리고 선교헌금을 드린다. 이 또한 선교후원금이다. 그렇게 모아지고 각자의 할당된 참가비를 지불하고 단기선교가 진행되었다.

정말 잊지 못할 대형 프로젝트였다. 나는 담임목사님의 지시를 받아 이 프로젝트의 총지휘를 할 수 있는 기회를 얻었다. 가나 혼인잔치의 물 떠온 하인들의 기쁨과 감격을 누리는 시간이었다. 성도교회에서의 8년 가까운 사역은 나의 삶과 목회의 희망 인큐베이터였다.

✕

그렇게 목사님과 성도님들의 사랑 가운데 신학대학교 과정을 잘 마치고 목사 안수를 받고 부목사로 섬기게 되었다. 그 사이에 하나님이 선물로 4남매(예지·예은·명철·지혜)를 선물로 주셨다. 하나님의 은혜로 사역하는 동안 유·초등부, 중·고등부, 청년·대학부, 빌립전도특공대 등 기관을 맡겨 주셨고, 많은 부흥과 성장도 경험하게 하셨다.

하지만 그와 더불어 사역에 대한 부담감과 책임감에 몸도 마음도 지쳐가기 시작했다. 그러던 중 담임목사님께서 사임과 함께 유학을 떠나시게 되었고, 얼마 지나지 않아 나도 성도교회를 떠나게 되었다.

성도교회를 떠나는 것은 또 다시 고향집을 떠난 것 같은 아쉬움과 두려움과 절망감을 주었다. 그러나 선택의 여지가 없었기에 자의 반 타의 반으로 8년간의 모든 것을 정리하고 사역지를 옮겨야 했다.

03 처절한 절망과 고난이 닥치다

새로운 사역지의 환경은 너무나도 낯설고 어려웠다. 무엇보다도 담임목사님이 아직 부임하지 않은 상황은 부교역자로서 큰 부담이 되었다. 전임목사님께서 은퇴하시고 후임목사님을 청빙하는 과정에서 부교역자로 들어갔기 때문에 그에 대한 부담감이 적지 않았다.

그러나 주님이 보내신 곳으로 알고 전 사역지에서의 경험하고 훈련했던 모든 것을 십분 발휘해서 최선을 다해 열심히 사역하기 시작했다. 3개월이 지난 후에 담임목사님이 부임하셨고, 주님의 은혜로 나를 받아 주셔서 계속 그 교회에서 사역할 수 있었다.

이제는 담임목사님도 오셨으니 더 열심을 내야 했다. 아침부터 저녁까지 긴장을 놓지 않고 사역했다. 그러나 그러면 그럴수록 내 안에 말할 수 없는 갈급함과 목마름이 찾아왔다. 담임목사님께 인정받아야 하고, 장로님들에게 칭찬받는 목사가 되어야 하다 보니 인정과 평판에 목말라 일하는 일꾼으로 전락하고 있었다.

교회 사역에 온통 마음을 집중하다 보니 가정을 소홀할 수밖에 없었다. 그러다 보니 가정 불화가 계속되었다. 가정에 소홀이 하는 나 때문에 아내는 늘 불평과 불만이었고, 나는 나를 이해하지 못하는 아내를 향해 믿음 없는 사모로 치부하며 폭언과 다툼이 끊이지 않았다.

설상가상으로 사택으로 들어갔던 신축 임대아파트가 부도가 나고 말았다. 시공했던 회사가 부도가 나니 그 피해는 고스란히 세입자들이 떠안게 되었다. 수천만 원을 주고 집을 살 수도 없고, 다른 세입자에게 넘기자니 부도난 아파트를 제값 주고 사려고 하는 사람도 없었다. 부목사 사례비에 한 달 대출이자만 80여만 원을 감당해야 하니 재정적으로도 어려워졌고, 가정 불화는 더 심해지고, 아내는 우울증까지 오게 되었다.

그럼에도 불구하고 교회에서는 나의 최선과 열심히 사역을 해야만 했다. 정말 하루하루가 절망이요, 고난이었다. 정말 로뎀나무 아래에서 죽기를 작정한 엘리야와 같은 심정이었다. 사역도 싫고, 가정도 싫고, 어디론가 도망쳐 버리고 싶었다.

그러던 중 본교회에서 실시했던 '중보기도학교' 훈련에 참여하게 되었고, 2주간 해외 단기선교를 갈 기회가 생겼다. 나는 잠깐이라도 사역을 떠나고, 가정을 떠나는 것이 해방되는 기분이었다. 단기선교를 떠나면서 하나님께 토로했다.

'주님! 저 이대로는 못살겠어요. 저의 모든 문제를 해결해 주세요. 아니면 저 선교지에서 나오지 않겠어요.'

부모님께 투정부리는 어린아이처럼 하나님께 반항을 했다. 단기선교 기간 내내 나의 마음은 하루하루가 쫓기는 나날이었다. 주님의 응답이 있기만을 기다리며 기대했지만 열흘이 지나고 십오일이 지나도 아무런 응답이 없었다. 이제 내일이면 선교지를 떠나 다시 한국으로 돌아가야 하는데….

그런데 아침 말씀기도를 하는 중 주님께서 마음에 한 영상을 보여 주셨다. 내가 어디를 향해 가는지는 모르지만 숨을 헐떡거리며 열심히 달려가고 있는데, 그 뒤에서 주님이 측은이 바라보고 계시는 것이었다. 나는 계속 달려가면서 주님께 물었다.

"주님, 왜 그렇게 불쌍히 저를 바라보십니까?"

주님은 아무 대답이 없으셨다. 나는 달리던 걸음을 멈추었다. 그리고 뒤를 돌아 주님을 바라보았다. 그때 주님은 말씀하셨다.

"나를 따라오너라 내가 너희로 사람을 낚는 어부가 되게 하리라(마 4:19)."

나는 대답했다.

"주님! 무슨 말씀이세요? 제가 10년 전부터 지금까지 죽도록 따라가고 있지 않습니까?"

주님께서 말씀하셨다.

"너는 나를 따라온 적이 없다. 너는 항상 내 앞서 너의 길을 갔을 뿐이다."

너무나 큰 충격이었다. 나는 분명히 신학을 하고, 전도사로, 부목사로 교회를 섬기고 설교도 하고, 복음도 전하고 최선을 다해 일해 왔는데 이것이 주님과 상관없었다는 것이 도저히 이해가 되지도 않았고 믿어지지 않았다.

그 순간 내 안에 말할 수 없는 성령의 탄식이 터져 나왔다. 이것은 나의 의지와 감정과 상관없는 성령의 탄식이었다. 하염없는 눈물과 회개가 터져 나왔다. 그리고 나의 내면에서 "주님! 잘못했어요. 용서해 주세요. 그러면 나 어떻게 해요? 나는 어쩌면 좋아요?"라는 물음들이 생겼다.

해결되지 않는 물음을 가지고 한국으로 돌아왔다. 그리고 지나온 나의 삶을 돌아보기 시작했다. 무엇인가 어긋난 것이 분명했다. 어디서부터 주님과의 관계가 끊어졌는지 알고 싶었다. 반드시 알아야만 했다. 나의 열심과 최선으로 하려 했던 일들을 잠시 놓기로 했다. 담임목사님과 장로님, 성도들에게 목말라했던 인정과 평판과 칭찬을 내려놓기로 했다.

04 완전한 십자가의 총체적 복음을 통과하다

"내가 그리스도와 함께 십자가에 못 박혔나니 그런즉 이제는 내가 산 것이 아니요 오직 내 안에 그리스도께서 사시는 것이라 이제 내가 육체 가운데 사는 것은 나를 사랑하사 나를 위하여 자기 자신을 버리신 하나님의 아들을 믿는 믿음 안에서 사는 것이라(갈 2:20)."

2010년 3월, 주님은 사마리아 우물가의 여인의 심정으로 나를 주님 앞에 불러 주셨다. 그리고 완전한 복음, 총체적 십자가 복음을 직면하게 해 주셨다. '알았다 치고 듣고 전해 왔던 복음' '믿었다 치고 믿어왔던 한 번도 나에게 전 존재로 실제가 되어보지 못한 그 복음' 그 십자가의 복음 앞에 벌거벗은 몸으로 서게 해 주셨다.

온갖 위선과 거짓으로 포장되어 있던 나.

나의 열심과 최선으로 나의 의를 쌓아왔던 나.

칭찬과 인정과 평판에 목말라 살아왔던 나.

나의 자아만족과 지독히도 나를 사랑하는 자아우상에 빠져 있는 나.

예수님의 이름을 팔아서 성공하고 만족하고 나를 위해 살아왔던 나.

환경과 조건만 주어지면 언제라도 죄의 꽃을 피우고 죄의 열매를 맺어왔던 나.

사과나무에 사과 꽃이 피고 사과 열매를 맺듯이 하나님을 떠난 나의 죄 된 자아생명에 죄의 열매를 맺을 수밖에 없는 존재적 죄인인 나.

이러한 서대운을 2,000년 전 예수 그리스도와 함께 십자가에 못 박고, 예수 그리스도의 부활의 생명으로 다시 살아났음을 믿음으로 선포하게 하셨다. 이제 더이상 죄의 옷을 입고 죄인으로 살 수 없고 예수 그리스도의 옷을 입고 예수 생명으로 살 것을 결단하게 하셨다.

두 형제 이야기

어린 나이에 부모를 잃고 살아가던 두 형제가 있었다. 형은 평판이 좋았지만 동생은 놀음과 싸움을 일삼으며 불량배가 되어 갔다. 하루는 동생이 패싸움을 하다가 사람을 죽이고 말았다. 동생은 경찰에 쫓기다가 다급해진 나머지 형에게 달려가 도움을 요청했다.

"형, 나 어떻게 해? 내가 사람을 죽였어. 형, 나 좀 도와줘."

부들부들 떨며 도움을 청하는 동생을 바라보던 형은 잠시 생각을 하더니 비장한 얼굴로 피 묻은 동생의 옷을 벗겨 자기 옷과 바꿔 입었다. 그리고 동생을 옷장 속으로 밀어넣었다. 형은 바로 뒤따라 들어온 경찰에 의해 현행범으로 채포되고 결국 사형선고를 받게 되었다.

수개월을 숨어서 지내던 동생이 죄책감에 시달린 나머지 자수하게 되고 다시 재판을 열었다. 그러나 이미 동생의 이름으로 심판을 집행했기 때문에 무죄가 선언되었다. 동생은 나중에 형이 죽기 전에 남긴 편지를 읽게 되었다.

"사랑하는 동생아 보아라. 네가 이 편지를 읽을 때에는 나는 이미 사형을 받았을 것이다. 나는 너의 죄의 옷을 입고 너 대신 죽노라. 넌 나의 옷을 입고 나처럼 살아다오."

그후 동생은 형의 마지막 유언처럼 형의 옷을 입고 형처럼 살아갔다.

⁂

십자가 복음이 실제가 된 나에게 주님은 동일하게 말씀하셨다.

"사랑하는 대운아, 나는 너의 죄의 옷을 입고 너 대신 십자가에서 죽노라. 넌 나의 의의 옷을 입고 나처럼 살아다오."

아멘이었다. 이제 나는 예수의 핏값만큼 살다가 예수의 핏값만큼 죽을 자인 것을 고백하게 하셨다.

"내가 그리스도와 함께 십자가에 못 박혔나니 그런즉 이제는 내가 산 것이 아니요 오직 내 안에 그리스도께서 사시는 것이라 이제 내가 육체 가운데 사는 것은 나를 사랑하사 나를 위하여 자기 자신을 버리신 하나님의 아들을 믿는 믿음 안에서 사는 것이라(갈 2:20)."

이 고백이 나의 실제가 되게 해 주셨다.

서두에 고백한 대로 나는 이제 예수님을 믿은 지 4년째 된 목사이다. 아니, 더 자세히 말하면 예수 그리스도의 십자가의 복음이 나의 전 존재로 실제가 되어 예수 생명으로 살아온 날이 4년째 되었다는 말이다.

이 땅에 많은 그리스도인이 있는데 나 같은 사람이 어찌 나 한사람일까? 나 같은 목사가 나 한 사람일까? 아니, 나 한 사람이었으면 좋겠다.

"당신은 십자가의 복음이 당신에게 실제이십니까?"

스스로 답해 보라.

이 일 이후로 잠시 나의 모든 삶과 사역을 내려놓기로 하고 부목사 사임서를 제출했다. 그리고 3개월의 쉼을 통해 주님과 더욱 깊이 있는 교제의 시간을 가질 수 있었다.

3개월을 쉬는 동안에도 물질과 기도로 함께해 주셨던 담임 목사님과 당회에 너무나도 감사를 드린다. 또한 갑작스런 사임으로 신년 사역에 어려움이 있었을 목사님과 동역자들에게 지면을 통해 미안하고 송구한 마음을 드린다.

⁂

3개월의 휴직 기간 동안 주님이 주신 은혜는 너무나도 많았다. 무엇보다도 주님이 나와 내 가정의 주인이 되어 주셨다. 어려웠던 집 문제를 말끔히 해결해 주셨다. 재정의 주인이 주님임을 신뢰하고 주님만을 의지하게 해 주셨다.

모든 진로와 사역, 가정과 생명도 주님의 것이며 주님 발자취만 따라갈 것을 결단케 하셨다. 목사님과 당회와 교회의 기도와 축복 속에 교회를 떠날 수 있도록 은혜를 주셨다. 또한 떠나온 이후에도 3년이나 나를 위해 기도와 물질로 후원해 주시는 사랑을 베풀어 주셨다. 3개월 동안 밤낮으로 눈물로 찬양을 하게 해 주셨다.

<찬양-하나님의 은혜>

나를 지으신 이가 하나님 / 나를 부르신 이가 하나님
나를 보내신 이도 하나님 / 나의 나 된 것은 다 하나님
은혜라
나의 달려갈 길 다가도록 / 나의 마지막 호흡 다하도록
나로 그 십자가 품게 하시니 / 나의 나 된 것은 다 하나
님 은혜라

한량없는 은혜 / 갚을 길 없는 은혜
내 삶을 에워싸는 / 하나님의 은혜
나 주저함 없이 / 그 땅을 밟음도
나를 붙드시는 / 하나님의 은혜

이 찬양과 함께 "어디든지 주님이 가라 하신 곳에 달려가겠습니다." 하는 결단을 하게 하셨다.

"이제 다시는 주님보다 앞서지 않겠습니다. 주님이 한 발짝만 앞서 가주세요." 고백하게 해 주셨다.

이 모든 것을 주님이 하셨다.

순종의 첫걸음을 내딛다

"어디든지 가라는 곳에, 부르신 곳에 서겠습니다." 결단하고 순종의 첫걸음을 옮긴 곳이 전북 김제였다. 제2의 고향 광주를 10년 만에 떠나야 했다. 더구나 전북 김제는 아무런 연고도 없는 곳이었다. 그러나 아무런 원망도 불평도 없었다. 순종의 걸음이었기에 감사할 따름이었다. 10년 전 전남 영암을 떠나올 때는 봉고차에도 실을 짐이 없었는데 주님은 10년 만에 나로 거부가 되게 해주셨다.

아들 딸 4남매를 거느리게 하셨다.

5톤 차에 가득하게 살림을 허락해 주셨다.

복음이 실제 된 담대한 믿음과 기드온의 300용사 기도의 동역자들을 붙여 주셨다.

마지막 부교역자의 사역을 잘 마치고 최후의 믿음을 달음질하시는 시간을 주셨다.

마지막 부교역자로 마무리하고 담임목회자로 갈 수 있도록 길을 열어 주신 담임목사님과 당회에 감사를 드린다. 또한 자립하여 교회가 든든히 설 수 있도록 물질과 기도로 계속하여 협력해 주신 죽산교회 모든 식구들에게 감사를 드린다. 나의 부족과 연약함을 알고도 후히 배려해 주시고 사랑으로 섬겨 주신 모든 분들께 감사를 드린다.

나로서는 손가락 하나도 까딱할 수 없고 한걸음도 나아갈 수 없는 그때에 주님은 일하셨다. 마치 뒤에는 애굽 군대, 앞에는 홍해바다가 가로막힌 상황에서 홍해를 가르시고 건너게 해 주셨다. 이 또한 주님이 하신 것이다.

주님은 나에게 나의 열심과 최선을 요구하지 않으시고 오히려 '꺾어진 날개와 부러진 다리'를 원하셨다. 숨 쉬는 것 하나도 주님의 허락하심이 아니면 불가능하다는 것을 경험하게 하셨다.

05 연포리에 희망의 싹이 트다! 153의 기적!

"시몬 베드로가 올라가서 그물을 육지에 끌어 올리니 가득히 찬 큰 물고기가 백쉰세 마리라 이같이 많으나 그물이 찢어지지 아니하였더라(요 21:11)."

다음 장에 나오는 시(詩)는 2012년 10월 광림 수도원 말씀나무 목회자 세미나에서 만나 교제했던 경기도 화전에서 목회하시는 목사님께서 나의 교회 이야기를 듣고 감동을 받고 메일로 보내 주신 것이다.

쉬는 시간 잠깐 나누었던 나의 이야기를 마음으로 받고 보내 주신 시를 읽으며 얼마나 큰 위로와 힘이 되었는지 모른다. 어쩌면 나의 내면의 깊은 고백을 이처럼 짧은 시에 담아 낼 수 있었을까? 성령의 교통하심이 놀라웠다. 지금도 강 목사님께 감사하다.

이런 교회가 있었네

강 대 석 목사

(경기도 화전 벌말교회)

천구 백팔십팔년 삼월 십이일 어느 봄 날
영혼 구 원, 주 께 영광 선한 뜻 가뜩 품 고
김제뜰 연포 리에 연포 교 회 세웠는 데
25년 역사 속 에부 흥 영광 흔 적 없고
폐쇄 위기 맞았으 니 주 님께 면목 없네

오 늘 이나 내일이나 교 회 폐쇄 기정사실
평균 나이 67세 흰머리소 녀 18명
멍울 진 가슴 다독 이며
나는 아랫마을 교 회로 갈라요
나는 윗마을 교 회로 갈라요
삼삼오 오 패를 지어 떠날준 비 하고 있네

어느 날 젊은 목사 이 교회 오더니만
주 님의 심장으로 교회를 품었네
낙심한 성도들이 젊은 목사 손 잡으니
복음이 전이 되네, 열정이 타오르네

하면 돼요. 해봅시다. 너도 나도 힘을 내어
가슴에는 복음 안고, 두 손에는 사랑 들고,
모판으로 못자리로, 들판으로 추수 밭 찾아가니
죽은 영혼 살아나고,
떠났던 이 돌아오고,
낙심한자 힘을 내니 교회가 살아나네

영광일세, 영광일세, 하나님의 은혜일세
십팔 명 성도가 칠십 명이 되었으니
김제의 기적이요, 죽산의 기적일세
십팔이 칠십 되고, 칠십이 칠백되고 칠천 칠만 향하여
땅 끝까지 나아가리

김제 연포교회를 보고
2012년 가을(광림수련원에서)

마지막 부교역자로의 짧은 과정을 마치고 주님은 지금의 교회로 인도해 주셨다. 물론 부임할 당시 연포교회이다.

연포리에 위치한 이 교회로 부임이 결정되어지자 여러 이야기가 내게 들려왔다. 그 지역은 소돔과 고모라처럼 사람들이 강팍해서 어려울 것이라는 것이었다. 또 어떤 사람은 그 지역은 안 믿는 사람들이 많으니 '황금어장' 이라고도 말한다. 주님은 연포교회로 부르시면서 약속의 말씀을 주셨다.

"시몬 베드로가 올라가서 그물을 육지에 끌어 올리니 가득히 찬 큰 물고기가 백쉰세 마리라 이같이 많으나 그물이 찢어지지 아니하였더라(요 21:11)."

이미 약속의 말씀을 받은 터라 다른 어떤 상황과 환경이 내게 중요한 것이 아니었다. 말씀에 순종하여 그물을 내릴 때 153의 기적이 일어날 것을 믿음으로 바라보게 하셨다.

✕

3년 전, 12월 24일 성탄절을 앞두고 연포리로 이사하여 부임하였다. 사방이 논으로 둘러싸여 마을과 떨어진 곳에 예배당과 사택이 있었다. 그날처럼 추웠던 때도 없었던 것 같다. 찬바람이 뼛속까지 스며드는 듯했다. 예배당 종탑의 십자가 네온마저 파손된 채 불이 들어오지 않았다.

가장 먼저 십자가에 불을 밝히기로 했다. 수소문 끝에 날이 저문 저녁에서야 수리하시는 분이 왔다. 서너 번을 종탑에 오르내린 끝에 겨우 십자가에 빨간 네온 불을 밝혔다. 한결 마음이 편안해지고 따뜻해지는 듯했다.

성탄절 아침에 첫 부임인사와 함께 성탄예배를 드렸다. 성도는 65세 이상 되신 흰머리 소녀 18명 정도, 가장 젊은 부부가 당시 52세 되신 이익재 안수집사님 부부였다. 새벽예배도 3-4명 모여 기도의 불을 끄지 않고 있었다.

나의 눈에 비친 성도들의 모습은 몸도 맘도 지쳐 있고 마지막 그루터기처럼 이 교회를 지키고 있는 활력을 잃은 모습이었다. 교회의 환경은 몇 년을 비워둔 시골 외딴집처럼 싸늘하고 황폐해 있었다. 예배당 창틈에서는 황소바람이 들어오는 듯하고, 한겨울에 처마에 얼음이 쌓여 역류하는 바람에 예배당에 물을 퍼내야 하기도 했다. 예배시간 내내 온풍기가 요란스레 돌아갔지만 냉기는 가시지 않았다. 젊은 사람치고 추위를 잘 타는 나에게는 예배당에 들어가고 싶은 마음이 없을 정도였다.

마당이며 텃밭은 묵은 땅처럼 마른 풀이 곳곳에 피어 있었다. 사택은 곳곳에 습기와 곰팡이로 가득하고, 작은 방들의 보일러가 터져 방바닥이 부서져 있었다. 그나마 새 목사가 이사 온다고 바닥도 대벽도 새로 하기 위해 수리가 진행 중에 있었다.

가장 불편한 것은 재래식(푸세식) 화장실이었다. 화장실에 들어가면 눈이 매워 눈물이 날 정도였다. 비가 온 후에는 빗물이 차서 맘 놓고 일을 볼 수도 없었다. 나름 도시에서 살아온 터라 아이들도 나도 불편하기는 마찬가지였다. 어디를 봐도 절망적인 환경이었다. 도대체 어디서부터 손을 대야 할지 몰랐다.

이러한 외적인 환경보다도 더욱 심각한 것은 성도들의 마음에 자리잡고 있는 절망감, 패배감, 마지못해 교회를 지키고 교회가 존재하기 위해 다녀 주고 있는 듯한 모습이었다. 지금은 교회 장로님이 되셔서 나에게 열 장로 부럽지 않는 신실한 동역자가 되셨지만, 전임목사님께서 이익재 집사 부부는 전주에 있는 교회로 옮길 거라고 하시면서 교회가 너무 어려우면 노회에 보조청원을 하라고 하신 터였다.

"주님 부르시는 곳에 어디든지 달려가겠습니다." 고백하며 순종하여 오기는 했지만 현실은 만만치 않았다. 어디서부터 무엇부터 손을 대야 할지 막막했다.

그러던 중 며칠이 지났을까? 길을 가다가 우리 마을에 요양보호사로 다니시던 이웃 교회 권사님을 만나게 되었다. 반갑게 인사를 나누었다.

"목사님, 저 매일 여기 지나다니면서 연포교회 위해서 기도해요."

"아~ 그러세요? 너무 감사합니다."

그런데 다음 말에 가슴이 멍해졌다.

"지나면서 연포교회를 볼 때마다 너무 초라해 보여요."

말씀인즉 교회가 너무나 초라해 보이고 전라도 말로 '짠해 보여서' 기도하신다는 것이다.

가슴에서 불이 올라오는 듯했다. 아무리 이웃 교회 권사님이지만 믿는 권사의 눈에 볼 때 교회가 초라하게 보여진다면 안 믿는 동네 주민들의 눈에는 어떻게 보일까? 왜 영광스러운 주님의 몸 된 교회가 초라해 보여야 하는가?

아니나 다를까, 마을 주민들에게 인사를 하러 다니는데 대부분의 인사내용은 "젊은 목사가 가난한 교회 와서 고생이 많겠네?", "그 교회 힘들 것인디?" 등이 대부분이었다. 안 믿는 주변 사람들에게도 교회를 바라보는 시선이 그리 좋아 보이지 않았다. 어느 것 하나 희망적인 요소는 보이지 않았다.

그러나 환경과 상황이 결론이 아니라 주님의 말씀이 결론인 것을 믿음으로 취하기로 했다. 현실은 막막하지만 십자가 복음을 붙잡고 주님께서 약속하신 말씀을 붙잡고 일어설 것을 결단했다.

"그물을 배 오른편에 던지라 그리하면 잡으리라 하시니 이에 던졌더니 물고기가 많아 그물을 들 수 없었더라(요 21:6)."

"시몬 베드로가 그물을 육지에 끌어올리니 가득히 찬 큰 물고기가 백쉰세 마리라 이같이 많으나 그물이 찢어지지 아니하니라(요 21:11)."

신년 첫 주일 설교 때 이 약속의 말씀을 선포하면서 20여 명도 안 되는 성도들에게 "앞으로 우리 교회는 153 전도운동을 시작합니다."라고 선포했다.

"앞으로 6개월 동안 한 사람이 다섯 명을 전도해서 세 번 이상 모셔와야 합니다."라고 했더니 아무도 아멘을 하지 않았다. 오히려 분위기만 썰렁해졌다.

예배를 마치고 교육관에서 점심을 먹는데 그래도 기도 많이 하신다는 권사님이 조용히 나에게 말했다.

"목사님~ 우리 교회는 전도가 안 되요. 여기 사람들은 교회 안 나와. 어찌나 강팍한지 바늘로 찔러도 안 들어가. 여기 사람들은 이빨도 안 들어간당께~"

그 말을 듣고 혼자 속으로 중얼거렸다.

'틀니 끼었은께 이빨도 안 들어가제~'

권사님은 전도를 많이 했지만 전도가 안 되더라는 것이다.

"평생 한 명 전도하기도 어려운데 다섯 명을 어디서 데려오냐?"

"목사님이 이곳 물정(상황)을 몰라서 그리여! 우리가 이해혀~"

나는 물정(상황)도 모르는 남도(전라남도) 촌놈이 되버렸다.

그렇다. 소돔과 고모라 같은 이 땅에 예배당을 세우고 지역복음화를 위해 얼마나 피눈물 나는 기도와 헌신과 전도를 해왔겠는가? 그러나 농촌의 현실은 막막했을 것이다. 농촌교회현실은 더욱 절망적이었을 것이다. 일할 만한 젊은 성도들은 도시로 떠나고, 충성스럽게 헌신하던 성도들은 나이 들어 돌아가시고, 그나마 남아 있는 분들은 병들고 몸도 맘도 연약해 지고, 안 믿는 자들은 그야말로 마르고 닳도록 복음을 거부하고 있으니 전도가 안 된다는 것은 사실이고 현실이었다.

환경도 상황도 사실이다. 그렇다고 물러설 수는 없는 것이었다.

성도들의 마음에 할 수 있다는 '희망'의 씨앗을 심다

전도보다 더 시급한 것은 그루터기처럼 남아 있는 성도들의 심령에 "우리도 할 수 있다"는 '희망'의 씨앗을 심는 것이었다. 다시금 용기를 가지고 일어설 수 있는 전환점이 필요했다.

마침 3월 14일이 우리 교회 설립 24주년 기념일이었다. 이 날에 맞추어 "지역 주민 초청잔치"를 하기로 했다.

교회 설립 후 처음 해보는 행사라 부담도 되고 어떻게 해야 할지 염려하는 모습들이 역력했다. 그래서 전임 사역지였던 교회 동역자들에게 도움을 요청했다. 그분들은 선뜻 '이·미용 봉사팀, 한방치료팀, 장수사진 촬영팀, 점심식사 준비팀, 영접 및 선물 준비'까지 완벽하게 준비하여 조건 없이 섬겨 주시기로 했다.

문제는 주민들을 동원하는 일이었다. 홍보와 동원은 안수집사님이 경영하는 새만금 농산 직원들이 수고해 주셨다. 모든 행사 준비는 다 됐다.

당일 11시가 되었다. 30분이 지나도 우리 교인들뿐이다. 40분쯤 되었을 때 탑차가 교회로 들어오더니 면장님이 보내신 화환이 내려왔다. 연이어 농협 조합장님, 자치위원장님, 지역 유지 분들의 교회 설립 24주년 축하 화분이 들어왔다. 정한 시간이 되어질 무렵 면장님을 비롯하여 농협 조합장님과 직원들, 자치위원장님, 마을 이장님들, 주민들까지 160여 명이 예배당을 가득 채웠다.

제1차 153의 기적이 일어난 것이다. 이익재 집사님의 사회로 축하행사를 잘 마치고, 식사를 하는데 자리가 비좁아서 사택을 다 열어 손님들을 맞이했다. 역사 이래 목사 사택에 안 믿는 주민들이 그렇게 많이 들어와 식사하기는 처음일 것이다. 풍성한 식사를 나눈 후 각 봉사 팀들이 곳곳에 세팅을 하고 봉사활동을 하였다. 가장 인기 있었던 팀은 '한방치료팀' 이용욱 집사님이셨다. 집사님은 저녁식사도 못하고 계속해서 섬겨 주셨다.

이 행사를 진행하는 동안 우리 성도들의 눈빛이 달라지기 시작했다. 이런 큰일을 우리 교회도 할 수 있다는 '희망' 을 발견한 것이다. 마지막 기념촬영을 하면서 "화이팅"을 외치는 성도들은 더이상 시골 할머니들이 아니었다. 영적 군사들 같았다.

전도의 시작은 그 어떤 방법도 프로그램도 아닌 성도들 안에 "할 수 있다"는 믿음과 결단임을 보게 하는 시간들이었다.

이 일과 더불어 자신감을 얻은 몇몇 성도들과 마을마다 사랑의 반찬 나눔 사역을 시작해서 독거노인 가정에 작은 이웃 사랑을 시작하게 되었고 여러 가지 이웃을 섬기며 전도하는 발판을 다지게 되었다.

지역 주민들의 교회를 보는 시선이 달라지다

3월 14일 주민 초청잔치 이후 변화된 교회의 분위기를 살려 제2차 주민 초청 의료봉사활동을 계획했다. 날짜는 초청잔치 3개월 후인 6월 29일이었다.

이 행사 역시 광주기독병원 신우회를 중심으로 간호사와 간호 학생 등 20여 명의 봉사자들이 섬겨 주셨다. 장소는 교회보다도 마을회관이 적합했다. 마을회관에 부스를 차리고 의료봉사와 함께 다양한 봉사활동을 동시에 실시했다. 당일 장대 같은 비가 행사 직전부터 내려서 많이 염려했는데 비가 온 탓에 사람들이 일손을 멈추고 마을회관으로 몰려오게 되는 합력해서 선을 이루시는 주님의 은혜를 경험했다.

가난한 교회, 문 닫기를 기다리는 교회로 주민들에 눈에 비추어졌던 교회에서 전문 의사들을 초청하고 마을 주민들을 위해 봉사하는 것을 보면서 마을 주민들이 우리 교회를 보는 시선이 달라지기 시작했다.

"연포교회에서 이런 일을 해~ 대단하네."

"연포교회가 좋은 일 하네~"

격려와 칭찬도 계속되었다.

두 번의 큰 잔치를 통해서 성도들에게는 '희망' 을, 주민들에게는 교회를 보는 '긍정적인 마음' 을 갖게 해 주었다.

터치 전도와의 만남 : 전도의 동력을 일으키는 윤활유

두 번의 행사를 진행하는 동안 부임한 지 6개월이 지나갔다. 그 과정 가운데 교회는 두 배로 회복되었다. 먼저는 낙심되어 있었던 자들이 회복되어 교회로 돌아왔다. 떠났던 분들도 한 분 한 분 돌아왔다. 이제 우리의 사명은 전도하는 것이었다. 언제까지나 남의 도움으로 행사만 할 수는 없는 일이었다.

'좀더 구체적으로 전도할 수 있는 방법이 없을까?' 기도하던 중에 "터치 전도 부흥프로젝트"라는 신문 광고를 보게 되었다.

무조건 세미나를 진행하는 양수리 수양관으로 달려갔다. 매 시간 많은 도전과 은혜를 경험했다. "바로 이거다. 우리 교회도 할 수 있겠다."는 확신이 들었다.

큰 교회든 작은 교회든, 도시교회든 농촌교회든 어디든 적용

할 수 있다는 것이 내게는 자신감을 주었다. 쉬는 시간마다 포스터, 현수막 등 현장에서 구입할 수 자료들은 전부 사다가 차에 실었다. 지금 안 가져가면 다른 사람들이 다 가져가 버릴 것 같았다.

세미나를 마치고 교회에 돌아오자마자 모든 자료를 준비해서 일주일 만에 온 교회를 터치 전도 분위기로 바꿔 버렸다. 포스터, 현수막, 계단용 스티커까지 우리 교회는 계단이 없어서 현관 유리창마다 앞뒤로 붙였다.

주일날, 완전히 분위기가 변화된 것을 본 성도들은 눈이 번쩍 했을 것이다.

"우리 목사님 또 뭣 하시려나 보네!"

긍정적인 마음에서 성도들이 마음의 준비를 하는 분위기였다.

교회 주변 9개 마을 150여 가구 정도 되는 주민들의 이름을 면사무소에서 배포한 전화번호부 책에서 옮겨 예비 교인 명단을 현수막으로 제작했다. 그리고 비록 연로한 성도들이지만 실행교육에 참여시기고 함께 터치 전도를 공유하기 시작했다.

1일 컨퍼런스, 2박 3일 세미나까지 흰머리 소녀들을 모시고 다녔다. 내가 100번 설명하는 것보다 세미나 참석하는 것 이 훨씬 효과가 있었다.

우리 교회 제1회 터치 전도는 실행위원 조직하는 것도 어려웠다. 그래도 그냥 연습 삼아 해보리라 생각하고 실시했다. 그럼에도 불구하고 하나님이 놀라운 은혜를 주셨다. 1회차 첫해에 18명이던 성도가 60명이 넘어섰다. 연포리에서는 기적 같은 일이다. 1년에 10명 전도하는 것도 요즘 농촌 현실에서는 어려운데 한 해 동안 3배로 부흥한 것이다. 이것도 주님의 은혜다.

전도에 눈이 뜨이면서 못자리전도, 모내기전도, 추수전도, 반찬전도, 호떡전도, 사랑의 쌀 나눔 전도, 사랑의 연탄전도, 사랑의 김장전도, 노인정전도, 회관전도, 콩나물전도, 두부전도, 계란전도 등 모든 것이 전도에 맞춰지기 시작했다. 전도를 하다 보니 교회 분위기가 말할 수 없이 좋아졌다.

"서 목사님, 내가 연포교회 갈 테니 서 목사님이 우리 교회 대예배 인도해 주세요!"

터치 전도 강사이시고 전주 성결교회 담임목사님이신 박훈용 목사님께서 어느날 연락을 주셨다. 나의 농촌교회 전도 사례 간증을 듣고 마음이 뜨거워지고 감동을 받으셨다면서 주일 대예배(2부, 3부) 두 번 인도해 달라는 말씀이셨다.

우리 교회 예배를 인도할 사람이 없으면 본인이 오셔서 예배를 인도하시겠다고 하셨다. 나는 송구스럽고 감사해서 몸둘 바를 몰랐다. 나 같은 것이 뭐라고 은퇴를 앞둔 어른 목사님께서 그런 호의를 베풀어 주시나! 정말 무한영광이었다. 더군다나 교단도 다르다.

전주 성결교회는 전주 시에서 아름다운 건축 상을 받을 정도로 아름답고 웅장한 교회로 천여 명 가까운 성도가 모이는 교회였다. 그런 교회의 대예배 인도라니, 그것도 김제 지평선 논 가운데 이름도 없는 연포리교회 어린 목사를! 이 어찌 사람의 생각과 계획으로 가능하겠는가?

전주 성결교회 부목사님이 우리 교회를 오시고, 나는 전주 성결교회로 갔다. 강단에 오르기 전까지는 가슴이 두근거려서 앉아 있을 수가 없었다. 큰 예배당에 그 많은 성도들 앞에 내 생애 처음 서 보는 시간이다.

목사님의 소개를 받고 강단에 서는데 성령께서 나를 붙들어 주셨다. 부들부들 떨리던 마음이 순식간에 사라져버리고 평안함이 찾아왔다. 짧은 기간 동안 우리 교회에 있었던 주님의 역사를 가감 없이 증거했다. 그리고 9시 2부 예배를 잘 마쳤다. 목사님께서 "서 목사님, 잘했어~ 우리 성도들의 반응이 너무 좋아~ 3부 예배도 그렇게 하면 돼요." 하고 격려해 주셨다.

11시 3부 예배는 더 많은 성도들이 예배당을 가득 채웠다. 2부 예배를 인도한 탓인지 더 편안하고 자연스러웠다. 3부 예배 역시 성령이 인도하신 대로 주님이 하신 일을 증거했다. 예배를 마친 후 함께 교회 식당에서 식사를 하였다. 우리 교회를 잘 아시는 김제 출신 장로님, 권사님들이 반갑게 맞아 주시고 격려해 주셨다.

전주 성결교회에서의 단 한 번의 경험 이후 수많은 크고 작은 교회들에서 초청되어 말씀을 증거할 수 있는 기회의 문이 열리기 시작했다. 또한 전주 성결교회에서의 경험은 어디를 가든지 담대히 설 수 있는 계기가 되어졌다.

그후에 부족한 자를 불러 단위에 세워 주셨던 목사님들께 지면을 통해 다시 한 번 감사를 드린다(익산 양문교회, 정읍 서광교회, 완주 소양교회, 전주 성동감리교회, 전주 샘물교회, 화전벌말교회, 나주 성만교회, 영광 대교회, 김제 성동교회, 복죽교회, 묘라교회, 풍성한교회, 장화교회, 부산 문현중앙교회 등).

"서 목사도 똘아이 끼가 있어!"

특별히 2012년 부활절에 부족한 종을 불러 거룩한 단에 세워주신 부산 포도원교회 김문훈 목사님께 감사를 드린다.

어느날 목사님과 대면할 기회가 있었다. "젊은 목사가 도시에서 사역하다가 어떻게 농촌에 와서 사역할 생각을 했냐?"고 물으시기에 나는 지난날 주님께서 나에게 행하셨던 일련의 과정을 말씀드렸다.

그런데 내 말을 한참을 들으시던 목사님이 갑자기 나에게 "서 목사도 상당히 똘아이 끼가 있어 보이네." 하는 것이다. 순간 '아무리 유명한 목사님이고, 부산의 큰 교회 목사라고 해도 너무한 것 아닌가? 똘아이라니!' 하는 생각이 스쳐 지나갔다. 목사님이 말을 이으셨다.

"오해는 하지 말게. 꼭 나의 젊은 때 모습 같아서 그래."

그러면서 그 자리에서 포도원교회 비서실에 연락을 하시더니 일정을 잡고 나를 포도원교회 간증자로 불러 주셨다. 부활절에는 외부 강사를 세워본 적이 없었는데 특별한 경우라 하시면서 부족한 종을 불러 세워 주신 것이다.

포도원교회에서의 초청은 모든 것이 내게 주신 하나님의 은혜와 위로와 감동의 시간이었다. 교회를 들어서면서부터 생기가 넘치고 살아 역동하는 성도들의 모습에 전율이 솟았다. 강사라고 식사를 준비해 주시는데 '나 같은 것을 불러 거룩한 곳으로 불러 주시고 강사라고 상을 차려 주시다니….' 하는 마음으로 눈물을 삼키며 식사를 했다.

예배시간이 되어 나를 맞아 주시는 김문훈 목사님께서 한마디 하셨다.

"강사님이 오셨는데 함께 식사도 못해서 미안해요. 오늘은 식사도 못하고 이렇게 뛰어다닙니다."

그 큰 교회 담임목사님께서 식사도 못하고 이 기관 저 기관 회의하고, 지도하며, 사역하시는 것을 보면서 또 감동을 받았다.

예배실에 올라 예배를 시작하는데 천상의 소리 같은 찬양대의 찬송소리에 다시 한 번 눈에 눈물이 와르르 쏟아졌다. 반주기에 맞춰서 찬양을 드리는 우리 교회 모습이 주님 앞에 죄송스러워 눈물이 나오고, 이처럼 아름다운 찬양을 들어본 것이 수년은 지난 것 같아 감격해서 눈물이 나왔다. 한없이 작고 부족한 강사는 주책없이 울고 앉아 있었다.

소개를 받고 강단에 서니 이곳은 부산이다. 나는 전라도 토박이다. 어떻게 인사를 시작하고 간증을 시작할까? 고민하던 중에 '어차피 부산 사투리도 모르는데 전라도 사투리로 인사하자.' 맘을 굳게 먹고 큰소리로 부활 인사를 따라하라고 했다.

"예수님 부활하셨당께!"

우렁찬 소리로 성도들이 따라했다.

"진실로 부활하셨당께!"

그렇게 두 번 전라도 사투리로 크게 인사를 하고 나니 마음이 확 열리고 한결 편안해졌다. 시간이 어떻게 가는지 모르게 눈물로 간증을 마치고 내려왔다. 목사님께서 "서 목사님! 너무 잘했어요. 우리 성도들이 은혜를 많이 받은 것 같아."라고 하시며 격려해 주셨다. 사모님께서는 떡을 보자기에 정성스럽게 싸서 들려 주었다. 끝까지 감동이었다.

그렇게 교회로 돌아왔고 2~3주가 지났을 무렵, 부산에서 편지가 한 통 왔다. 내가 간증집회를 갔던 부활절 밤 예배 때 참석했던 자매였다. 자매는 그 교회 성도는 아니고 영도에 사는 자매인데 친구 따라 포도원교회 예배드리러 왔다가 나의 전도 간증을 듣고 너무 많이 울었단다. 병원 간호사로 근무하면서 환우들에게 간혹 복음을 전하곤 했었는데 자신의 모습이 너무나 부끄러웠단다. 그리고 이제는 복음을 더욱 담대히 전해야겠다고 결단했단다. 그러면서 예배드리는 내내 눈물을 흘리고 있는 나의 모습을 보았단다. 나를 사랑하시고 연포교회를 사랑하시는 하나님의 마음을 조금이나마 알게 하셨다며 전도하는 데 사용하라고 5만원 권 4장, 20만 원을 담아 보내 주었다.

그 편지를 받아들고 또 한참을 울었다. 돈을 보내 줘서가 아니다. 간호사 자매의 마음이 너무나 고맙고, 하나님이 나를 알아 주신다는 것이 너무 감사했다.

포도원교회와의 인연은 거기서 멈추지 않았다. 포도원교회 '하람스' 라는 청년부에서 8월에 여름수련회를 하는데 나를 강사로 불러 주신 것이다. 우리 교회는 청년이 단 두 명이다. 청년 사역을 그만둔 지도 벌써 3년이 지났다. 다른 교회도 아니고 부산에서 손에 꼽힐 정도로 부흥하는 교회 청년부 수련회 주강사라니! 나로서는 이해할 수 없었지만 주님의 뜻이 있는 줄 알고 순종했다.

집회가 시작되는 날 수련회 장소로 갔다. 담당사역자와 청년부 회장과 식사를 하면서 물었다.

"수많은 유명한 좋은 강사들이 있을 텐데 어떻게 저 같은 사람을 강사 후보로 생각을 했습니까?"

나의 질문에 담당사역자님은 "목사님! 저희 청년부는 화려한 스펙을 가진 강사님을 원하지 않습니다. 유명한 청년부 전문 강사님도 원하지 않습니다. 저희들에게 지금 필요한 분은 목사님처럼 순수하게 십자가의 복음을 전해 주실 분입니다." 하고 대답해 주셨다.

그렇다. 내게는 그 어떤 스펙도 없다. 배경도 없다. 경험도 없다. 그러나 내가 자신 있게 내놓을 수 있고 자랑할 수 있는 것은 '나를 살리시고, 나를 부르시고, 전 존재로 살게 하시는 예수 그리스도의 십자가의 복음' 이었다. 그래서 나를 불러 주신 것이다.

나는 이틀 동안 다른 것은 말하지 않았다. 아니, 말할 수 없었다. 오직 "생명 되신 예수그리스도께로 돌아가자! 다시 복음으로 돌아가자!"고 외쳤다.

복음이면 충분하다.

십자가면 충분하다.

예수님이면 충분하다.

그렇게 주님은 나를 여러 교회로 여러 장소로 인도해 주셨다.

"예, 주님! 언제든지 어느 때든지 주님 부르신 곳에 달려가겠습니다."

이제 나의 삶은 없다. 주님이 가라면 가고, 주님이 서라면 서는 것이다.

"주님이 내 앞에 한걸음만 앞서 주옵소서"

그후 2회차 터치 전도를 진행하는 가운데 전도부흥집회를 5일간 진행을 했다. 전도집회를 섬겨 주신 분들은 대부분 터치 전도와 관련된 분들이었다. 터치 전도 강사이신 태평교회 윤상언 목사님이 3일 동안 말씀으로 큰 은혜를 주셨다. 또한 김준행 본부장님의 인생드라마 같은 전도 간증은 모든 성도들에게 감동이었다. 국악찬양 복음사역자 하민중 선교사님의 국악찬양은 마을 주민들에게 국악찬양을 통해 복음을 전하는 시간이었다. 시간 시간 터치 전도를 섬기는 유카리스 찬양단 멤버 중 두 분이 임신 중에도 전심으로 아무런 대가나 조건 없이 섬겨 주셨다. 신일교회 김육렬 장로님 임맹자 권사님의 신앙 간증도 성도들에게 큰 도전의 시간이었다.

터치 전도를 만나고 2년이 지나는 동안 작년 연말까지 우리 교회 3번 이상 출석하여 등록인원이 104명에 이르게 하였다.

06 전도에 '희망'을 주는 탁월한 대안

다음의 내용은 나의 10년의 부교역자로서의 사역의 경험과 지난 3년의 담임목회자로서의 짧은 사역의 경험을 통해 지금까지 내가 직접 적용했던 전도 프로그램을 정리한 내용이다. 거의 대부분은 "원터치 부흥 프로젝트"의 정리 요약이라고 볼 수 있겠다.

※

지난 10여 년 동안 부교역자로서 사역을 해오면서 전도에 관련된 세미나를 비롯한 각종 훈련들을 경험하는 기회를 접했다. 어린이 전도부터 청소년, 청년 전도 사역, 나아가 장년을 위한 전도 세미나까지 기회만 되면 전국 어디든지 달려가 시간을 들이고 물질을 들여서 참여했다. 그럼에도 불구하고 가장 큰 나의 고민이 있었다. 세미나를 참여하고 훈련을 받을 때는 모든 것을 다 할 것 같고 당장이라도 전도가 되어지고 맡은 부서나 교회가 부흥될 것만 같았는데 세미나를 마치고 교회로 돌아오면 한 달도 안 돼서, 어느 경우에는 일주일도 안 되서 전도에 대한 열정은 식어지고 "우리 교회는 안 맞는구나! 우리 교회는 토양이 다르구나!" 하면서 세미나 다녀오는 것으로 끝나는 경우가 대부분이었다. 물론 전도가 거룩한 부담이고 쉬운 것이 아닌 것은 사실이다. 그런데 문제는 제대로 시작도 못해 보고 끝나는 경우가 대부분이라는 것이었다. 도무지 이유를 찾을 수 없었다. 그러던 중 담임목회를 하면서 깨닫게 된 것이 있다.

첫째, 부교역자 시절에는 결코 내가 원하는 대로 할 수 없다는 것이다. 다시 말하면 담임목사의 의지가 없는 것을 부교역자가 할 수 없다는 것이다. 혹 담임목사의 의지가 있다 해도 부교역자의 리더십은 한계가 있다는 것이다. 결론은 모든 교회 사역은 철저히 담임목회자의 의지와 결단의 농도에 따라서 좌우된다는 것이다.

둘째, 함께 사역을 동역할 수 있는 평신도들이 움직이지 않으면 사역이 이루어질 수 없다는 것이다. 전도 역시 사역자가 아무리 많은 지식과 방법을 가지고 있다 할지라도 직접 나가서 현장에서 전도할 수 있는 평신도 동역자들이 없이는 결코 열매를 맺을 수 없는 것이다.

셋째, 전도는 전도특공대나 특별한 사람들만의 전유물이 돼서는 안 된다. 몇몇 훈련된 전도자들만을 구분해서 전도하고, 나머지 대부분의 성도들은 구경꾼이 되게 할 때 결코 동력을 얻을 수 없게 된다. 그러므로 온 교회가 전도의 분위기로 함께 가는 것이 매우 중요하다는 것을 알게 되었다. 물론 온 교회가 전도 분위기로 끌고 나가기 위해서는 반드시 약 20퍼센트의 적극적이고 자발적인 핵심 일꾼들을 세우는 것이 중요하다.

넷째, 전도 행사 준비부터 마무리까지 보통 2-3개월이 걸리는데 어떻게 지치지 않고 계속해서 진행하느냐 하는 것이다. 많은 경우, 시작은 열정적으로 하다가 점점 지치고 정작 행사가 끝나기도 전에 포기하거나 흐지부지되기도 한다. '지속적으로 지치지 않고 곤비치 않고 전도할 수는 없는가?' 하는 것이 고민이었다.

다섯째, 전도 이후에 정착과 양육에 대한 문제였다. 전도 행사를 진행하다보면 수많은 불신자들이 자의 반 타의 반 교회로 초청되어 온다. 문제는 전도 행사 이후이다. 결과는 밀물처럼 왔다가 썰물처럼 빠져나가고 마는 것이다.

수많은 시간, 인력, 재정을 투자해서 힘에 겹도록 행사를 진행했는데 교회에 남아 믿음의 뿌리를 내리고 정착하는 경우는 극소수에 불과하다. 그러다 보니 다시는 전도 행사에 대한 말도 못하고, 이전보다 더욱 전도의 관심이 멀어진다.

원터치 부흥 프로젝트는 나에게 이러한 모든 문제점들을 하나하나 해결해 주었다.

첫째, 원터치 부흥 프로젝트는 담임목회자의 의지와 함께 평신도가 이끌어 가는 전도다. 목회자가 모든 프로그램을 진행하고 이끌어 가는 것이 아니라 평신도 가운데 세워진 실행위원장을 중심으로 전도를 진행한다. 또한 약 20퍼센트의 실행위원들을 세워 그들로 하여금 전도의 동력을 일으키게 하는 것이다.

이탈리아의 경제학자인 빌프레도 파레토는 1906년 이탈리아의 부와 소득의 유형을 연구하다가 이탈리아 토지의 80퍼센트를 이탈리아 인구의 20퍼센트가 소유하고 있다는 사실을 알아냈다. 그후 파레토는 이 80퍼센트와 20퍼센트 사이의 상관관계를 여러 분야에 적용하는 원리를 발견하게 되었다. 시간이 지나면서 이 원리는 "파레토의 원칙(Pareto Principle)" 혹은 "80:20 법칙"으로 알려지게 되었다.

이 원리는 지금도 우리 삶의 구석구석에 영향을 미치고 있다. 백화점 전체 매출의 80퍼센트는 충성고객 20퍼센트가 물건을 팔아 주고 나머지 20퍼센트는 80퍼센트의 고객이 팔아 준다는 것이다. 매장의 제품 판매 역시 20퍼센트의 선호제품이 전체 판매의 80퍼센트를 차지한다. 어느 집단이나 공동체도 적극적이고 긍정적인 20퍼센트의 인원이 전체를 이끌어간다.

원터치 부흥 프로젝트에도 20/80의 법칙이 적용된다. 물론 교회의 규모에 따라 다소 차이는 있겠지만 기본적으로 자원하는 성도들과 중직자를 중심으로 약 20퍼센트 정도를 실행위원으로 선정하고 그들을 중심으로 원터치 부흥 프로젝트를 이끌어 가도록 하는 것이다.

어떻게 보면 원터치 부흥 프로젝트의 성패는 20퍼센트의 열정적인 실행위원들의 의해 결정된다 해도 과언은 아니다. 물론 성령의 인도와 하나님의 은혜는 말할 것도 없다. 그러나 전체적인 전도의 방향을 이끌고 나가는 20퍼센트의 충성된 실행위원들의 열정과 헌신과 충성에 따라 결정된다는 것이다.

20퍼센트의 실행위원들이 중심이 되어 열정을 가지고 주님을 섬기고 교회를 섬기고 성도를 섬기고 나아갈 때 나머지 80퍼센트의 성도들도 함께 마음을 모으고 따라오게 된다. 그러한 과정을 통해서 온 교회가 함께 기뻐하고 함께 동참하는 행복한 축제가 되는 것이다.

이를 위해 원터치 부흥 프로젝트 과정 가운데 실행위원들을 위한 실행위원 모임이 매주 정한 시간에 진행된다. 실행위원 모임 때마다 뜨거운 기도와 찬양을 하며 담임목회자의 말씀으로 무장하는 시간이다. 또한 한주간에 준비해야 할 것들을 점검하고 체크하게 된다.

둘째, 원터치 부흥 프로젝트는 전도특공대나 전도대원 몇 사람만 움직이는 전도가 아니다. 목회자를 비롯해서 사역자, 평신도, 청년, 청소년, 어린아이까지 온 교회가 함께 참여하는 전도이다. 그래서 교회 전체가 전도 분위기로 변해 가는 것이다.

원터치 부흥 프로젝트는 단회적인 행사가 아니라 온 교회가 함께하는 행복한 축제이다. 준비된 모든 홍보물(전도포스터·현수막·전도스티커·전도버튼 등)을 통해 교회의 안팎을 전도하는 분위기로 완전히 바꾸는 것이다.

마치 교회 구석구석을 리모델링하듯이 전도하는 교회를 만드는 과정이 필요하다. 또한 매 주마다 진행되는 스킷드라마, 기관별·구역별 구호, 찬양, 율동, 노가바(노래가사 바꿔부르기) 경연대회 및 시상식이 있어 모든 성도가 즐겁게 참여하게 한다. 또한 은혜스런 전도 간증, 친절왕 뽑기, 감동 터치 사례 발표, 전도왕 만들기 등의 재미난 프로그램들이 매주 진행된다.

셋째, 전도의 고민은 준비단계에서부터 마무리까지 보통 2-3개월을 전도에 초점을 맞추어 진행하는데 어떻게 지루하지 않고 지치지 않게 진행하느냐이다.

원터치 부흥 프로젝트는 이러한 고민을 말끔히 해소해 주었다. 토양작업이 마치고 1단계 성령 터치를 시작하면 바로 '52일 새벽 터치 기도회'가 시작된다. "52일 동안 어떻게 새벽기도회를 진행할 수 있을까?" 어렵게 생각할 수도 있을 것이다. 그러나 염려할 것 없다. 분과별 조직을 통해 짜놓은 부서별로 매일 새벽 '헌신예배'와 같은 새벽예배가 진행된다.

설교를 제한 모든 순서의 진행(사회, 기도, 특송, 안내 등)은 부서에서 진행을 한다. 그러니 담당 부서는 반드시 기본적으로 일주일은 나와야 한다. 진행하다 보면 일주일을 진행했던 부서가 새벽예배의 은혜와 감동으로 계속해서 나오게 되는 사례는 허다하다.

더불어 새벽 터치에 '금향로 기도'가 있다. 성도의 기도가 금향로에 담겨 하나님께 열납된 것을 착안해서 포항 가은교회 목사님께서 제안한 순서이다. '금향로 기도'를 통해 성도들의 개인과 가정과 직장과 자녀들의 수많은 기도의 제목들만이 아니라 교회의 크고 작은 문제들이 해결되고 응답되는 간증이 쏟아지는 시간이기도 하다.

실제로 포항 가은교회 김동철 목사님은 어렵게 성전을 건축했는데 감당할 수 없는 부채로 인하여 성도들이 교회를 떠나가고 목사님마저도 성도들의 얼굴을 제대로 쳐다볼 수 없는 상황에 이르렀다. 강단에 서면 그 넓은 예배당에 몇 안 되는 성도들 앞에 서서 말씀을 증거할 힘마저 잃어갔다.

그러던 중 몇 차례의 극단의 생각을 하기도 하고 한 번은 죽기 위해 금식기도를 결단했다고 한다. '금식기도하다 죽으면 최소한 자살했다는 말은 듣지 않으리라.' 그러나 그것도 하나님은 허락지 아니하셔서 40일 금식 후에 다시 교회로 돌아오셨다. 그리고 우연히 신문 광고를 보고 알게 된 터치 전도와 인연을 맺었다.

목사님은 마지막으로 터치 전도 한 번 해보자 결단하고 시작하셨다. 그리고 52일 새벽 터치를 진행하는 동안 '금향로'를 만들고 거기에 기도의 제목을 적게 하였다. 그런데 52일 새벽 터치를 진행하고 터치 전도를 진행하는 동안 놀라운 일들이 일어나기 시작했다. 먼저는 목사님과 가정에 놀라운 은혜와 회복의 역사가 일어나기 시작했다. 그리고 성도들 개인과 가정마다 직장의 문이 열리고, 사업의 문이 열리고, 크고 작은 어려움들이 풀리기 시작했다. 교회도 점점 활력을 얻게 되고 새로운 영혼들이 전도되기 시작했다.

어느날, 다섯 가정의 성도들이 마음을 모아 고급 승용차 키를 가지고 목사님을 찾아왔다. 목사님 승용차를 구입해서 헌신한 것이다. 차를 구입해 가져온 것이 중요한 것이 아니라 목사님과 성도들이 그 어려운 과정 속에서도 서로를 위로하고 사랑으로 섬기는 마음이 너무나도 큰 감동이었다.

이와 같은 은혜가 교회 안에 계속되었고, 그 많던 부채도 많이 해결하고 이제는 행복한 목회를 하고 계신다고 한다. 이 얼마나 아름다운 소식인가?

원터치 부흥 프로젝트는 목회자가 행복해지고, 성도가 행복해지고, 교회가 행복해지는 행복 전도 프로그램이다. 그러니 지치지도 피곤치도 아니하고 진행할 수 있다. 새벽 터치만 아니라 24시 릴레이 기도회, 연속 금식기도회, 저녁 터치 기도회 등 영성이 살아 있는 전도다. 기도 없이 전도할 수 없다. 기도 없이 주의 일을 할 수 없다. 기도하지 않으면 쉽게 지친다. 기도하지 않으면 힘이 들고 포기하게 된다. 기도로 영성이 살아 있는 전도이다.

매 주일 예배시간마다 주제에 맞는 감동적인 영상이 너무 좋다. 기독교 전문 영상업체 갓월기획에서 제작된 탁월한 영상을 통해 전도에 대한 잔잔한 도전과 결단을 이끌어낸다. 때로는 단 5분의 영상을 보고 받은 은혜와 감동 때문에 터치 전도가 끝날 때까지 기쁨으로 헌신했다는 이야기도 들려온다.

모일 때마다 온 성도들이 한마음으로 구호를 외치면서 하나가 되고 결단을 하게 된다.

"너도 터치! 나도 터치! 영혼 구원! 교회 부흥!"
"할 수 있다! 하면 된다! 해보자! 할렐루야!"
"영적 전쟁에서 승리하자! 승리하자! 승리하자! 할렐루야!"

구호를 외치고 나면 이마에 땀이 맺힌다. 구호를 외치고 나면 성도들의 얼굴이 보름달처럼 환해진다. 구호를 외치고 나면 할 수 있다는 용기와 자신감이 타오른다.

"전도! 전도! 전도! 전도는 나의 사명! 전도는 교회 사명!"

그렇다 전도는 해도 되고 안 해도 되는 것이 아니라 반드시 해야 하는 우리의 사명이다.

"언제?"

"지금!"

"누가?"

"내가!"

언제 해도 해야 할 일이면 지금 해야 한다.

누가 해도 해야 할 일이면 내가 해야 한다.

이왕에 해야 할 일이면 잘해야 한다.

전도의 대장되신 우리 주님이 도와주시고 힘주시고 응원하고 계신다.

원터치 부흥 프로젝트는 목회자와 성도, 온 교회가 기뻐하며 춤추며 전도하는 축제다.

넷째로, 전도 행사는 크게 하고 당일 초청된 예비 교인은 많은데 한주만 지나면 썰물처럼 빠져나가고 만다. 수많은 시간, 열정, 재정, 헌신을 드려 행사를 진행했는데 결과는 밑 빠진 독에 물을 붓듯 다 빠져나가고 만다. 그 허탈함과 허무함은 말로 할 수 없다. 목회자로서 '다시는 이런 행사 하지 않으리라.' 하고 도리어 전도를 안 할 결단을 하게 만든다. 성도들도 마찬가지다. 그러니 전도 행사 한 번 하고 오히려 전도가 더 안 되는 일도 허다하다.

이 얼마나 모순된 일인가? 전도 행사를 하고 나서 전도할 마음이 사라지고, 전도 행사를 하고 나서 교회가 더 침체되고, 전도 행사를 하고 나서 전도가 더 안 된다니! 말도 안 되는 일이다. 그러나 현실이다.

새 가족이 400명밖에 안 와서 실패한 전도?

어느 교회가 전도 행사를 진행했다. 온 교회가 전도의 분위기로 힘을 모았다. 준비하는 중에 불 같은 은혜가 쏟아졌다. 이런 분위기로 가면 많은 사람이 전도될 것 같았다. 교회가 차고 넘칠 것 같은 기대감이 가득했다. 천만 원이 넘는 재정을 들여서 선물을 준비했다.

초청 당일이 되었다. 천 명 이상의 새 가족이 올 것으로 기대했지만 당일 기대에 못 미치는 400여 명이 왔다. 당회와 성도 모두 크게 실망했다. 실패한 행사로 여기고 다시는 그 단체와 프로그램으로 전도 행사를 하지 않겠다고 했다.

천 명의 새 신자가 올 것으로 기대했는데 사백 명밖에 오지 않으면 실패한 것인가? 천만 원이 넘는 전도비를 투자했는데 사백 명밖에 오지 않은 전도는 실패한 것인가? 어찌 '사백 명밖에 안 왔다'고 말할 수 있겠는가? 정말 배부른 소리이다. 대한민국 이 땅에 5만여 교회가운데 100명 미만의 성도가 출석하는 교회가 80퍼센트 이상이다. 내가 속한 죽산면에 10개의 교회가 있는데 50명 이상 모이는 교회는 세 교회뿐이다.

어느 목사님이 이런 말씀을 하셨다.

"한 사람을 달나라 보내기 위해서 들어가는 비용이 얼마인지 아느냐? 잠깐 다녀오는 달나라를 보내는데 들어가는 비용이 수백억이다. 그렇다면 한 영혼을 하늘나라로 보내는데 우리는 얼마나 투자하고 있느냐?"

물론 나도 앞서 언급한 교회와 성도들의 마음을 전혀 모르는 바가 아니다. 부끄러운 고백이지만 나 역시 그보다 더한 마음을 가져본 적이 있었다.

2012년 3월, 침체된 농촌교회를 회복하고 살려보겠다고 유명한 전도집회를 진행했다. 이름만 대면 모두 알 만한 집회다. 한국교회 최고의 인기 있는 강사 목사님들, 최고의 전도 간증자들 14명을 초청했다. 그분들 모두 개인적으로는 한 분도 모시기 어려운 분들이고, 너무 스케줄이 바빠서 100명도 안 되는 농촌교회에 와주실 만한 여유가 없는 분들이다. 그럼에도 불구하고 '작은 교회 살리기' 차원에서 우리 교회가 허락된 것이다. 이런 일은 김제 지역에 한 번도 없었다. 3박 4일의 일정으로 집회는 진행되었다. 시간 시간 빈자리가 없을 정도 예배당을 가득 채웠다. 물론 대부분은 김제 지역의 전도의 관심이 있는 성도들이었다.

이 집회를 준비하며 진행하는 나의 마음에 몇 가지 소원이 있었다.

첫 번째, 침체되어가는 농촌교회 현실을 보면서 교회마다 전도자들이 세워지고 전도의 불길이 일어나 다시금 농촌교회에도 희망을 갖게 하는 것이었다. 그래서 홍보를 했다.

"잔치는 우리 교회서 열 테니 오셔서 큰 은혜받고 전도합시다."

그러나 정작 가까운 교회들은 시큰둥한 눈치였다. 심지어는 나를 이상한 목사 취급하기도 했다. 그래서 은혜받고자 하는 성도들도 보내지 않는 경우도 있었다. 정말 안타깝고 가슴이 아팠다. 그런가 하면 시간 시간 목사님이 친히 운전해서 성도들을 모셔오는 교회들도 있었다. 전도하고자 하는 교회 성도들에게 은혜받게 하고자 하는 목사님들이 계셨기에 너무 감사했다.

두 번째, 금번 집회를 통해 우리 교회 안에도 전도의 불길이 일어나고 탁월한 전도자가 세워지기를 기대했다. 부임하여 2년 동안은 목사가 주도하여 전도하고 이끌었다면 이제는 단 한 사람이라도 전심으로 주와 복음을 위해 헌신하는 일꾼이 세워지기를 원했다. 물론 이 부분은 지금도 진행 중이라 믿는다. 어찌 첫술에 배부르랴? 주님의 때에 주님의 일꾼들을 세워 주실 것을 기대한다.

세 번째, 전도집회를 통해 많은 영혼이 전도되기를 바랐다. 그러나 여기까지는 나의 욕심이었을까? 물론 집회기간에는 지역의 예비 교인들이 많이 집회에 참여하기도 했다. 그러나 집회가 끝나고 주일에 등록한 인원은 10명 정도였다. 너무 감사했다. 한 영혼이 천하보다 귀하다고 했는데 마을주민이 10여 명이나 등록했으니 얼마나 귀한 일인가?

이 전도집회를 위해 우리 교회로서는 도무지 감당할 수 없는 비용을 지불했다. 물론 주최측에서는 최소한의 비용으로 최선을 다해 섬겨 주심에 대해 지금도 감사한 마음이다.

전도집회를 열 수 있었던 것은 한 권사님의 헌신이 있었기 때문이다. 향유옥합을 깨드려 예수님의 발에 부어 씻겼던 마리아의 헌신과도 같았다. 10년 이상을 조금씩 부어 모았던 돈을 전부 전도를 위해 헌신한 것이다. 지금도 생각하면 마음이 뜨거워진다. 언젠가 목사가 지나가듯이 했던 전도집회에 대한 사모하는 마음을 흘려버리지 않고 기도하던 중에 성령의 감동을 받고 기꺼이 순종했던 것이다.

그 많은 비용을 들이고, 그 많은 홍보를 하고, 그 많은 강사들을 초청해서 집회를 했으면 최소한 100명은 새로 등록해야 마음이 좋았을 것이다. 그러나 고작 10명. 그렇다고 탁월한 전도왕 하나 세워지지 않은 현실. 그렇다면 실패한 전도겠는가? 실패한 집회겠는가?

부끄러운 고백이지만 얼마동안 나는 너무나 낙심되고 절망의 시간을 지냈다. 새 신자가 적게 와서가 아니다. 전도자를 세우기 위해 전도훈련학교를 시작했는데 12주 과정 중 6주 만에 도중하차하고 말았기 때문이다. 절망! 절망! 또 절망이었다. '나로서는 안 되는구나. 우리 교회는 안 되려나보구나. 이것이 일꾼이 적은 농촌교회의 현실이구나.' 낙심한 나머지 영적 침체까지 찾아왔다. 나의 무능함과 연약함 때문이라는 자책까지 몰려왔다.

전도할 마음도 사라져 버렸다. 성도들에게 전도하자는 말도 하기 싫었다. 성도들을 피하고 싶은 마음까지 들었다. 무엇보다도 평생 모은 물질을 전도를 위해 헌신했던 권사님의 얼굴을 볼 면목이 없었다. 그렇게 연약해져 있을 때 몇 년 전 함께 네팔로 단기선교를 다녀왔던 전도사님이 찾아왔다. 1년 동안 현지적응 과정을 마치고 이제 네팔 선교사로 헌신하기로 했다는 것이다. 그리고 남양주에 있는 작은 개척교회로부터 파송을 받을 예정이라고 했다.

성도가 10명도 안 되는 작은 상가 개척교회에서 선교사를 파송한다는 것이다. 내게는 충격이었다. 그래도 우리 교회는 건물도 있고 땅도 있지 않은가? 많지는 않지만 그래도 그 교회보다는 몇 배는 많은 성도들이 있지 않은가? 교회에 부임하면서 목회자 생활비를 보조 받으면서도 세 분의 선교사를 후원하며 선교적 공동체를 지향하는 사역을 펼쳐온 터라 우리 교회가 함께 선교사님을 파송하고 싶은 마음이 들었다.

선교사님과 마음을 나누는 동안 함께 믿음으로 설 것을 결단하고 공동 파송하기로 했다. 그리고 함께 기도하며 교회와 선교사 가정과 연합하여 열방을 구하는 느헤미야 기도를 진행했다. 처음으로 온 교회가 나와 내 교회를 위한 기도가 아닌 열방을 위한 기도를 드리며 하나님의 마음을 깨닫게 하는 시간이었다. 그후 당회를 거쳐 기쁨으로 2012년 5월 12일 네팔 포카라에 진성윤 선교사를 우리 교회 첫 번째 선교사로 파송하게 되었다. 일련의 과정을 통해 침체되었던 나의 마음에 전도를 해야겠다는 마음이 다시 일어나기 시작했다.

그로부터 몇 개월이 지난 후 또 다시 주님은 내 마음에 전도와 선교가 나의 사명이었음을 일깨워 주셨다.

이웃 교회 권사님을 전도 동역자로 보내 주심

어느날, 이웃 교회 한 권사님이 나를 찾아오셨다. 인사를 하고 대화를 나누는 중에 3월에 진행했던 전도집회에 한 시간도 빠지지 않고 참여하여 은혜를 받으셨다는 것이다. 또한 그때 전도의 열정을 가지고 전도하던 가운데 내가 경험했던 것처럼 한 3개월 동안 침체가 되고, 이전보다 전도가 안 되고, 전도의 부담은 많은데 전도할 힘이 없더란다.

기도하는 중에 나를 만나 상담을 하고 싶은 마음이 있어서 찾아왔다고 했다. 대화하는 가운데 나는 전도를 내 힘과 내 의지로 하려고 했음을 깨닫게 되었고, 이후로는 성령을 의지해서 성령의 인도하심에 순종할 것을 고백하게 하셨다.

그후 그 권사님의 전도의 문이 열리기 시작했다. 비록 우리 교회 권사님은 아니지만 부러울 정도로 성령을 의지하며 전도할 때 전도의 열매가 맺어지기 시작했다. 너무나 감사했다.

신실한 전도자 한 사람이 세워지는 것이 얼마나 어려운가? 집회 한 번 한다고 세워지지 않는다. 훈련 프로그램에 참여하여 과정을 이수했다고 되는 것이 아니다. 나의 열심과 내 의지만으로 전도자가 세워지지 않는다. 전도도 주님이 하시는 일이다. 전도자를 세우시는 이도 주님이시다. 전도자로 헌신할 수 있는 것도 내가 하고 싶다고, 내가 할 수 있다고 되는 것이 아니다 모든 것이 주님이 하시는 일이다. 이것을 깨닫게 하시려고 절망의 시간도 허락하셨고, 기도의 시간도 허락하신 것 같다.

지금도 주님은 준비된 전도자를 세워가고 계신다. 시대마다 교회마다 하나님의 때에 하나님의 방법으로 일하고 계신다. 나는 우리 교회에도 주님이 일하고 계심을 신뢰한다. 허락하신 모든 과정에 믿음으로 순종하며 화합할 때 하나님은 하나님의 방법으로 일해 가실 것이다. 그러니 눈에 보이는 결과를 보고 결론 내리지 말자. 보이는 환경과 상황이 결론이 아니라 계속하여 말씀하시고 일하고 계시는 하나님과 그의 말씀이 결론인 것이다.

1,000명을 기대했는데 400명이 왔다고 실패한 전도가 아니다.

100명을 기대했는데 10명이 왔다고 실패한 집회가 아니다.

단 한 명이 변화되어 100명의 몫을 1,000명의 몫을 하고도 남는 것이 주님의 방법이다.

탁월한 전도자가 세워질 것을 기대했는데 아무도 움직이지 않는다고 주님이 일하지 않는 것이 아니다. 주님은 주님의 방법으로 여전히 일하고 계시는 것이다.

전도하다가 낙심하지 말자.
전도하다 포기하지 말자.
자빠지고 넘어지고 절망하지 말자.
여전히 주님 수준으로 일하고 계시는 그분을 바라보자.

✲

원터치 전도는 일회성 전도 행사가 아니다. 반짝 일어났다 사라지는 이벤트성 프로그램도 아니다. 올해도, 내년에도, 주님 오실 그날까지 계속 진행될 하나님 나라 회복운동이다. 하나님 나라 부흥운동이다. 물론 그 이름은 언제라도 바뀔 수 있다. 섬기는 사역자나 스텝도 바뀔 수 있다. 그러나 전도의 미련한 방법을 통하여 오늘도 일하고 계시는 주님은 동일하시다.

십자가에서 온 인류를 대속하시고 사흘 만에 다시 사신 십자가 복음은 동일하다. 그리고 땅 끝까지 복음이 전해지는 그날 우리 주님이 다시 오시는 재림은 분명하다. 그날이 오기까지 우리의 사명은 하나님 나라 부흥과 선교가 완성되는 이 일을 계속하여 준행하는 것이다. 이 일에 이 시대 원터치 전도를 사용하고 계시는 것이다. 원터치 전도는 목회자도, 특별한 사역자도 아닌, 오직 복음에 사로잡혀 붙들린 순수한 평신도 김준행 집사를 통해 주님이 맡기신 한 분량을 감당하고 있다.

마지막, 전도의 열매는 부흥이다. 그러나 부흥이 그리 쉽지 않다. 부흥이 이루어지기 위해서는 정착과 양육이 필수적이다. 왜 원터치 부흥 프로젝트인가? 원터치 전도는 예비 교인을 기도로 품는 것부터 일곱 번 터치하므로 교회로 초청되어 정착과 양육을 통해 부흥하기 때문에 원터치로 가능한 부흥 프로젝트다. 특히 정착과 양육은 황금어장을 통해 기본교육이 이루어지지만 지속적인 양육은 말씀과 함께 계속적으로 성장되어야 한다.

하나님은 이 필요를 아시고 이번에 원터치 부흥 프로젝트 강사이신 전주샘물교회 서화평 목사님의 20여 년 가까운 목회 현장 가운데 임상되고 적용하여 실제가 되어진 양육교재 『말씀으로 세워가는 건강한 신앙』이 터치전도코리아를 통해 출판, 공급된다니 이 또한 얼마나 감사한 일인가! 실제 전도가 되어지고 새 신자가 와도 구체적으로 그들을 기도와 말씀으로 양육하지 않으면 얼마 못 가서 시험을 들고 교회를 떠나는 경우가 많다. 나에게도 그것이 고민일 때가 있었다. 그러나 이제 고민할 필요가 없다. 원터치로 가능해졌다. 이처럼 자신의 것을 조건 없이 나누고 섬김의 정신이 원터치 부흥 프로젝트 안에 있음을 감사한다.

이제 원터치 부흥 프로젝트에 대한 구체적인 내용을 짤막하게나마 제시하려고 한다. 미흡한 점은 터치전도코리아에 준비되어 있는 많은 자료들을 통해 충분히 공급받게 될 것이다.

원터치 부흥 프로젝트 세미나에 참여한 이경숙 권사의 이야기 (2013. 12. 9~11 광림수도원)

나는 전도 세미나에 처음 참석하게 되었다. 서 목사님의 권유도 있고, 전도의 대한 사명을 받기 위해 기도하고 참석했다. 확실한 결단을 가지고 있어서인지 방해되는 일도 없었다.

세미나는 경기도 남양주에 있는 광림수도원에서 진행되었다. 김제에서 약 3시간 30분이나 걸리는 거리였지만 그동안 전도하면서 있었던 간증을 나누며 가는 길이 너무나 즐거웠다. 금세 시간이 지나고 수도원에 도착했다. 가서 보니 목사님, 사모님, 성도님 등 전도의 열정을 가지고 교회를 뜨겁게 사랑하시는 분들이 오신 것 같았다. 나도 그중에 한 사람으로 참여할 수 있다고 하는 것이 너무나 감사했다.

시간시간 전도에 대한 간증과 교회가 회복되고 부흥된 이야기를 들으면서 많은 은혜를 받았다. 이번 기회를 놓치지 않고 잘 배우고 실천해서 나도 전도자가 되어야겠다고 결단하면서 전심으로 세미나에 참여했다. 찬양도 뜨겁게 드렸다.

농촌 작은 교회에서부터 도시의 큰 교회까지 터치 전도를 통해 역사하신 하나님의 은혜를 나누는 목사님들의 생생한 간증과 사례 발표는 너무나 큰 도전이 되었다. 시간이 지날수록 '내가 참 잘 왔구나. 어디서 이런 듣지도 못하고 보지도 못한 것을 경험할 수 있겠는가?' 하는 생각이 들면서 너무나 감사했다.

함께 동행했던 김제 희망교회 서대운 목사님의 순서가 되었다. 감동 터치를 맡아서 사례간증을 하셨다. 평소에도 조금씩 듣기는 했지만 자세히 듣는 것은 처음이었다. 도시에서 사역하시다가 18명밖에 안 되는, 그것도 평균 나이 67세의 '흰머리 소녀' 들만 계시던 열악한 농촌교회에 부임하셔서 하나님이 함께하시고 전도를 통해서 교회가 회복되었다는 실제적인 이야기를 들었을 때 그야말로 감동이 되고 목사님이 존경스러웠다.

계속되는 터치 전도 강의와 사례 발표를 들으면서 어떻게 영혼 구원을 위해 살아야 하는지를 결단하게 하셨다. 찬양하는 목사님과 찬양단도 너무나 은혜롭고 마음이 뜨거워졌다. 은혜를 받아서인지 밥도 맛있었다.

또한 터치 전도를 이끌어 가시는 김준행 본부장님이 대단히 존경스러워 보였다. 처음에는 저분이 목사님인가 전도사님인가 궁금했는데 그분의 드라마 같은 간증을 들으면서 평신도 집사님인 것을 알게 되었다. 정말 성령님이 함께하시는 분인 것 같았다. 수십억 부도를 맞고, 방황하며 고통스러워하다가 하나님 앞에 무릎 꿇고 기도할 때 하나님이 집사님과 함께해 주셨다. 그리고 그 어려운 시절을 오직 믿음으로 이겨내시고 복음을 전하는 일에 자신의 삶을 헌신하셨다. 그렇게 주님을 위해, 복음을 위해, 한국교회를 위해 헌신하시는 집사님을 볼 때 많은 도전을 받게 되었다. 늘 밝은 모습으로 집회를 운영하시는 것을 보면서 저절로 기도가 나왔다.

새벽에 강의실에 올라가 기도를 했다. 나 자신이 전도를 위해 쓰임받게 해달라고 기도한 후 본부장님을 위해 기도했다.

"하나님, 터치 전도를 통해 한국교회가 회복되고 부흥되게 하옵소서. 이곳에 참여한 모든 분들이 더욱더 주님께 쓰임받게 해 주옵소서. 특별히 김준행 본부장님에게 주님의 크신 뜻을 이루게 하옵소서."

또 나도 터치 전도와 사역을 위해 기도하는 사람이 되게 해 달라고 기도했다.

비록 2박3일의 짧은 시간이었지만 나에게는 너무나도 큰 은혜와 도전의 시간이었다. 다시 가정으로, 교회로 돌아가서 주님께서 기뻐하시는 전도의 사명을 감당할 것을 결단하는 시간이었다.

"주님, 감사합니다. 전도하며 살겠습니다. 나를 써 주옵소서."

전도의 도전을 받으면 성도들이 변화한다. 변화된 성도가 나가서 전도하면 불신자가 변화된다. 변화된 불신자가 교회를 나오면 그 영혼이 구원받는 은혜를 얻게 된다.

원터치 부흥 프로젝트는 영적으로 잠자고 있는 성도들의 영혼을 깨우게 한다.

교회 안에 숨어 있는 수많은 평신도 복음전도자들을 일으켜 세우게 한다.

평신도들을 전도자로 세우고, 평신도들을 복음의 일꾼으로 세울 때 정체를 넘어 침체해 가는 한국교회를 살릴 수 있다. 그래서 터치 전도를 이 시대 한국교회에 회복과 부흥의 대안으로 제시하고자 한다.

07 '희망' 을 주는 전도의 대안 : 원터치 부흥 프로젝트의 실제

1. 토양 터치 : 굳은 마음밭을 부드러운 옥토로 기경하라

"좋은 땅에 뿌려졌다는 것은 말씀을 듣고 깨닫는 자니 결실하여 어떤 것은 백 배, 어떤 것은 육십 배, 어떤 것은 삼십 배가 되느니라(마 12:23)."

① 마음밭을 옥토로 기경하라.
② 십자가 복음이 실제가 되게 하라.
③ 하나님 아버지의 마음을 품고 전도하게 하라.

원터치 부흥 프로젝트(이하 터치 전도)에 있어서 성도 개인도, 교회도 마음밭을 기경하지 않으면 안 된다. 짧게는 3주간, 길게는 수개월을 거쳐서라도 전 성도가 전도에 대한 분위기로 마음밭을 기경해야 한다. 전도에 대한 관심이 없었던 성도들에게는 전도할 마음을 갖게 해야 한다. 전도를 하다가 쉬고 있는 성도들에게는 전도의 사명을 일깨워야 한다. 또한 전도를 해오던 성도에게는 확신을 가지고 더욱 열정적으로 전도할 수 있도록 도전을 주어야 한다.

3년 전 부임한 우리 교회는 전도에 대한 마음밭이 그야말로 묵은땅이었다. 묵은 정도가 아니라 거의 척박한 박토가 되어 있었다. 나중에 들은 중직자의 고백이다.

"교회는 내가 믿고 내 믿음 지키면서 신앙생활하면 되는 줄 알았어요. 전도는 생각도 못했어요."

"우리 교회는 전도 안 돼. 전도한다고 교회 나오간디? 이빨도 안 들어가!"

"옛날에는 전도 많이 했지. 하지만 지금은 전도 안 되야~"

전도에 대한 성도들의 마음은 전도가 안 되는 것이아니라 전도를 가로막고 있었다. 불신자들에게 복음을 전해도 이빨이 안 들어가는 것이 아니라 성도들이 전도하자는 말에 이빨이 안 들어가는 정도다.

이러한 묵은땅을 기경하는 데 6개월이 걸렸다. 땅이 얼마나 굳어 있는지 쟁기질을 할 수가 없었다. 부정적인 돌덩이를 캐내는데 한도 끝도 없었다. 성도들의 마음밭을 갈아엎지 않으면 그 어떤 씨앗을 심어도 새들이 와서 먹어버린다. 전도의 가장 큰 장애물은 전도 대상자들이 아니다. 세상의 핍박도 아니다. 먼저 믿는 성도가 가장 큰 전도의 방해꾼이다. 전도에 대한 부정적인 마음으로 굳어 있는 교인들이 최대의 전도의 방해꾼이다. 골치덩어리다.

토양 터치에서 기경되지 않으면 그이후의 모든 과정도 힘들고 어렵다. 비록 시간이 많이 걸리고 댓가가 많이 지불되어도 토양 터치를 통해 마음밭을 갈아엎어야 한다.

나무에게 있어서 무엇보다 중요한 것은 좋은 종자도 아니고, 많이 심는 것도 아니다. 좋은 토양이 가장 중요하다. 토양이 좋으면 풍성한 열매를 맺고 양질의 수확을 얻는다.

⁂

기적의 사과로 불리는 일본의 기무라 아키노리의 이야기는 유명하다. 그는 장인의 퇴직금을 빌려서 사과농사를 시작했다. 그런데 사과나무에 농약을 칠 때마다 아내는 의식을 잃고 쓰러지곤 했다. '농약을 치지 않고도 사과를 재배할 수 없을까?' 고민하는 중에 농약을 치지 않는 100퍼센트 친환경 자연농법으로 전환했다. 그러나 결과는 절망적이었다.

병충해가 들끓고 잎은 병들어 떨어지고 나무들은 죽어갔다. 산더미처럼 불어나는 빚을 감당할 길이 없었다. 그가 선택한 것은 자살었다. 자살하기 위해 산에 올라가 나무에 줄을 매던 순간, 열매가 주렁주렁 맺어 있는 사과나무를 발견했다. 눈이

번쩍 뜨였다. 기적 같은 일이였다.

자세히 관찰해 본 결과 토양에 그 해답이 있었다. 손을 넣어도 쑥 들어갈 정도로 토양이 부드럽고 좋았다. 기무라는 자신의 농장으로 돌아와 토양을 기경하기 시작했다. 토양을 기경한 후 사과나무에 꽃이 피기 시작하고 열매가 맺히기 시작했다. 드디어 썩지 않는 친환경 기적의 사과가 탄생한 것이다. 일본에서는 이 기적의 사과를 먹기 위해서 1년 전부터 예약해야 한다. 토양을 바꾸니 기적이 일어났다.

좋은 열매는 좋은 땅에서 수확하듯이 좋은 교회는 십자가 복음이 분명한 성도들이 만들어간다. 토양터치를 통해 전도자의 마음에 십자가 복음이 실제가 되게 해야 한다. 하나님 아버지의 마음을 알게 해야 한다. 그러면 하나님 아버지의 마음을 가지고 잃어버린 영혼들을 향해 달려가서 복음을 전하게 될 것이다. 특별히 3주간의 집중 토양작업을 통해 7주 프로젝트를 준비하라.

2. 성령 터치 : 성령의 권능으로 복음의 증인되자!

"오직 성령이 너희에게 임하시면 너희가 권능을 받고 예루살렘과 온 유대와 사마리아와 땅끝까지 이르러 내 증인이 되리라(행 1:8)."

① 성령의 충만함을 받으라.
② 성령의 능력으로 복음의 증인이 되라.
③ 성령의 능력으로 순종하여 나가면 성령이 일하신다.

토양 터치를 통해 성도들의 마음이 전도할 마음으로 기경되었다면 이제 성령의 충만을 받게 해야 한다. 성령 터치가 시작되는 주일을 지내고 다음 월요일 새벽부터 "52일 새벽 터치"가 동시에 진행되게 한다. 전도는 내가 하는 것이 아니라 성령님이 하시도록 나를 내어드리는 작업이다. 그러므로 내 자신을 성령님께 내어드리고 성령님의 인도하심에 순종하도록 기도로 무장해야 한다.

새벽 터치를 통해 예비 교인들의 이름을 불러가며 기도하고 하나님이 마음에 떠오르게 하는 전도 대상자를 찾아가는 것이다. 이때 순종하여 나가면 준비된 영혼을 만나게 하시고 할 말도 예비해 주시고 성령의 일하심을 경험하게 될 것이다.

사도바울은 "내 말과 전도함이 설득력 있는 말로 하지 아니하고 다만 성령의 나타나심과 능력으로 하여 너희 믿음이 사람의 지혜에 있지 아니하고 다만 하나님의 능력에 있게 하려 하였노라(고전 2:4-5)"라고 했다.

전도는 전도자의 설득력 있는 말로 하는 것이 아니다. 지혜로운 언어로 하는 것도 아니다. 성령의 나타남과 능력으로 되는 것이다.

성령은 전도의 영이다. 성령은 영혼을 살리는 영이다.

어느 토요일 갑자기 우리 교회 집사님 가정에 심방할 마음을 주셔서 집사님의 집을 찾아갔다. 밖에서 한참을 불러봤지만 문이 잠겨 있고 사람이 없었다.

'사람도 없는 집에 왜 심방하라는 마음을 주셨을까?' 이상하게 생각을 하면서 이왕 동네에 왔으니 이웃 집에 전도라도 해야겠다 생각하고 약간 떨어진 집을 찾아갔다. 70대 정도 되어 보이는 할머니가 현관 앞에 앉아계셨다.

"할머니, 안녕하세요? 저 연포교회 새로 온 목삽니다."

"그리여~ 그렇잖아도 혼자 앉아서 '나의 갈 길 다가도록' 찬송하고 있었는디 하나님이 목사님을 보내 주셨구만!"

할머니는 나를 반갑게 맞아 주셨다. 한참을 이야기하고 보니 10년 전에 교회에서 섭섭한 일이 있어서 지금껏 교회를 쉬고 있었단다. 교회를 나가고 싶어도 누가 같이 가자고 한 사람이 없어서 못 가고 후회했단다.

"목사님이 우리 집까지 왔은께 다음에 교회 갈게."

"아니여~ 할머니, 내일 주일이니 내가 데리로 올게요."

"아들한테 물어보고 다음에 갈게."

"아니여~ 할머니 전도하라고 하나님이 나를 보냈당게~~"

"그리여~ 그라믄 내일부터 가야지."

그렇게 다음날 주일에 교회를 나오셨다.

성령님의 인도하심에 순종할 때 하나님은 준비된 영혼을 만나게 하시고, 10년째 낙심되어 교회를 멀리하고 잃어버린 영혼을 찾아 구원하게 하셨다.

어느날은 오후 예배를 마치고 차량 운행을 하던 중에 버스에서 내리시는 노부부와 마주치게 되었다. 차에 계시던 집사님이 "목사님, 저분들도 우리 교회 다니셨는데 시험에 들어서 김제 다른 교회를 나가고 계세요." 하고 이야기를 하셨다. 그냥 지나칠 수도 있었겠지만 성령께서 노부부를 위해 기도해 주라는 마음을 주셨다. 얼른 차에서 내려서 인사를 했다.

"안녕하세요? 저 연포교회 새로 온 목삽니다."

반갑게 인사를 주고받고 "권사님~ 이렇게 만났는데 제가 기도 한 번 해드릴게요."라고 했다.

"예~ 감사하지요."

두 분을 길에서 붙잡고 간절하게 축복기도를 해드렸다. 그리고는 차량 운행을 계속했다.

다음주일이 되었다. 이게 웬일인가? 지난 주일에 처음 만났던 권사님 부부가 본 교회로 돌아오신 것이다. 나중에 들은 고백이지만 가까운 본 교회를 두고 버스를 타고 김제까지 교회를 다니는 것이 늘 하나님 앞에 죄스럽고 괴로웠다고 한다.

그런데 목사가 축복하며 기도하는 것을 듣고 회개하여 돌아온 것이다. 그때 그냥 지나쳤다면 어떻게 되었을까?

성령님의 작은 음성에도 순종할 때 전도와 회복의 역사가 일어난다.

성령 터치 주간을 통해 철저히 성령님께 나를 드리는 시간을 경험할 때 예비 교인들에게 담대히 다가설 수 있는 기회를 얻게 될 것이다.

3. 인맥 터치 : 전도는 인맥이다.

“네 하나님 여호와께서 너와 네 집에 주신 모든 복을 인하여 너는 레위인과 너희 중에 우거하는 객과 함께 즐거워할지니라 (신 26:11).”

① 전도는 인맥을 통해 열매 맺는다.
② 인맥을 작정하면 전도의 금맥으로 바뀐다.
③ 가까운 인맥부터 전도대상으로 선정하라.

전도는 인맥이다. 현재 교회를 다니는 성도들의 10명 중 8~9명은 아는 사람을 통해서 교회를 다니게 되었다고 한다. 아는 사람이 없는데 우연히 교회를 나오는 사람은 극히 드물다. 내가 사는 김제시 죽산면에는 10개의 교회가 있다. 그중 110년으로 가장 오래된 어머니 교회인 대창교회가 있다. 대창교회를 통해 다른 9개 교회가 생겨나게 된 것이다. 이 교회에는 몇 가지의 특징이 있다.

첫째, 100년이 넘는 교회임에도 불구하고 선교사가 아닌 그 마을 주민들에 의해 교회가 시작되었다. 외부에서 복음을 받은 원주민이 마을로 들어와 교회를 개척한 것이다.

둘째, 이 교회가 있는 주변의 마을(장돌마을, 대장마을) 98퍼센트 주민이 대창교회를 출석한다. 마을회의를 교회에서 하고, 교회를 안 다니면 동네에서 살기 어려울 정도이다. 외부에서 이제 막 이사 오지 않은 이상 모든 주민이 교회를 나온다.

셋째, 죽산면에서 그 교회 출신 자손들이 사회에서도 많이 성공했다.

전도 인맥을 통해 모든 마을 주민들이 예수님을 믿고 교회를 섬기는 기적이 일어난 것이다.

예수님의 제자 안드레는 가장 먼저 자기 형 시몬 베드로를 전도했다.

빌립은 자기 친구 나다나엘을 전도했다.

내게 붙여 주신 모든 인맥은 전도하라고 붙여 주신 전도 인맥이다.

교회성장학의 창시자 도날드 맥가브란은 자신의 책 『하나님의 선교전략』에서 초대교회에서 기독교 신앙이 헬라인을 비롯한 이방인들에게 전달된 통로는 '인맥관계' 였다고 말했다.

✕

진돗개 전도왕으로 유명한 박병선 집사님은 교회 나온 지 1년 만에 750명을 전도하는 기적 같은 역사를 이루었다. 그는 첫 번째로 가장 가까운 친구를 끈질긴 설득 끝에 전도한 것을 시작으로 주변의 모든 인맥을 대상을 전도하였다. 뿐만 아니라 전도한 전도 대상자의 또 다른 인맥까지 전도의 대상으로 삼는 이른바 '다단계전도법'을 적용하였다. 이 같은 인맥 전도를 통해서 한주에 60명이 전도되는 기적 같은 일들이 일어나게 되고, 1년에 750명을 전도하는 쾌거를 거두었다.

그는 더 나아가 지난 8년 동안 전국 교회와 성도들을 깨우는 '바람바람 성령바람 전도축제'를 무려 600회 가까이 진행하면서 전국과 세계에 전도의 바람을 일으키고 있다.

'다단계방법'이 세상의 상업적 방법으로 잘못 오용되서 그렇지 인맥 전도법이 곧 '다단계전도법'이다. 우리에게 붙여 주신 수많은 인맥을 전도 금맥으로 삼아 전도의 열매를 맺기를 바란다.

✕

인맥 전도사 최병호 선생님의 이야기다. 고등학교 시절 예수님을 영접한 후 그는 전도하지 않고는 견딜 수 없는 학생이었다. 그동안 그가 전도하여 교회로 인도한 사람이 무려 800명에 이르렀다.

그는 그의 수입의 30퍼센트 이상을 전도와 새 가족 양육을 위해 사용했다. 또한 3,500여 명의 전도 대상자들의 명단과 연락처를 저장해 두기 위해 네 대의 핸드폰을 가지고 다녔다. 전도 인맥을 그룹별로 나누어 시간을 정하여 기도하고, 관리하고, 생일 등을 꼼꼼히 챙기며 관심을 기울였다.

그는 '전도는 전도의 은사가 있는 사람이 하는 것' 이라는 오해를 해서는 안 된다고 말한다. 전도는 은사가 있는 사람이 하는 것이 아니라 예수님을 믿는 모든 사람이 마땅히 해야 하는 것이라고 말한다.

전도는 주님이 특별한 사람에게 특별한 은사로 주신 것이 아니다. 누구라도 하나님 아버지의 마음을 품고 영혼을 사랑하는 마음으로 나가서 전하면 전도가 되는 것이다.

한 사람의 주변에 보통 250명의 인맥을 구성하고 있다고 한다. 가까운 가족 친척에서부터 나의 주변에 관련된 모든 사람들은 모두가 나의 전도 인맥임을 잊지 말자.

찾아내자, 잃은 영혼!
구해내자, 죽은 영혼!
만나보자, 택한 영혼!
데려오자, 맡은 영혼!

〈좋은 인맥을 유지하는 10가지 방법〉

① 사람들을 향하여 반갑게 인사하라. 명랑한 인사보다 기분 좋은 것은 없다.
② 사람을 만나면 웃어라. 그러면 같이 웃을 것이다.
③ 사람의 이름을 불러 주라. 그러면 더 친숙해질 것이다.
④ 친절하고 도움을 주는 사람이 되라.
⑤ 성실한 사람이 되라.
⑥ 진실로 사람에게 관심을 갖는 사람이 되라.
⑦ 다른 사람의 감정을 고려하라.
⑧ 다른 사람을 위해 신속한 서비스를 하라.
⑨ 칭찬을 아끼지 말며 관대한 사람이 되라.
⑩ 이 모든 것에 유머와 인내 그리고 겸손을 더하라.

4. 친절 터치 : 작은 친절 큰 감동!

"이같이 너희 빛을 사람 앞에 비취게 하여 그들로 너희 착한 행실을 보고 하늘에 계신 너희 아버지께 영광을 돌리게 하라 (마 5:16)."

친절 터치는 전도의 기본입니다. 친절은 먼 곳에 있지 않다.

친절은 큰 것을 요구하지 않는다. 전도자는 작은 일에 친절해야 한다. 사람은 작은 친절에도 큰 감동을 받는다. 위대한 일은 작은 일에서부터 시작된다. 전도의 인맥들에게 친절로 다가갈 때 마음이 열리고 전도의 문이 열리게 되는 것이다.

친절이란 무엇일까? 영어로 'Kind' 라고 하는데 동식물의 종자를 뜻하는 말로 같은 종자끼리 잘 어울리도록 만든다는 뜻이다. 오늘날은 '서로 다른 존재끼리 서로 잘 어우러지도록 만드는 친절을 가르키는 말' 로 사용한다. 이처럼 개성이 서로 다른 사람들이 좋은 관계를 맺도록 돕는 것이 바로 친절이다. 사람과 사람 사이에 좋은 만남, 좋은 관계를 이루기 위해서는 친절이 필요하다.

친절은 이론으로 나오는 것이 아니라 그의 삶에서 나오는 것이다. 모르는 사람에게도 눈을 마주치며 인사해 주는 것이다. 그러면 누구에게 친절을 베풀어야 할까?

먼저는 성도끼리 친절하게 대해야 한다. 성도가 서로 친절하지 못하면 전도의 문이 막히게 된다. 부흥하는 교회, 화목한 교회는 성도 간에 친절하다. 그다음 예비 교인에게 친절을 베풀어야 한다. 그동안 불친절한 사람이었더라도 이제부터 친절하라. 친절하기로 결단한 순간 친절한 사람이 될 수 있다.

어떻게 친절을 베풀 것인가?

첫째, 외적인 이미지로 친절을 보여 줄 수 있다. 예의바른 복장도 친절이다.

둘째, 환하고 밝은 미소를 짓는다. 얼굴에 나타난 밝은 미소는 상대로 친절을 느끼게 한다.

셋째, 반갑게 인사하는 것이다. 인사만 잘해도 인생이 행복해진다. 인사만 잘해도 성공할 가능성이 훨씬 높아진다.

넷째, 복된 말로 칭찬하는 것이다. 미소 짓기, 인사하기, 대화하기, 칭찬하기의 생활화를 통해 친절의 사람이 되라.

친절하면 인생의 성공을 가져올 뿐 아니라 예비 교인들을 전도할 수 있는 좋은 기회를 맞을 수 있다.

✻

미국 텍사스 주의 한 그리스도인의 이야기이다. 하루는 그가 매우 조급하게 운전을 했다. 직장을 구하기 위해 면접을 보러 가는데 아무래도 10분 정도 늦을 것 같았다. 그런데 그의 눈에 한 중년부인이 자동차 타이어가 터져서 길가에 서서 도와줄 사람을 기다리고 서 있는 것이 보였다. 그는 그냥 지나칠 수 없어서 자신의 차를 뒤에 세우고 타이어를 갈아 끼워 주었다.

이미 면접 시간이 많이 지나 합격하기는 틀렸다고 생각하고 회사의 인사과장 사무실에 들어갔다. 그런데 놀랍게도 그는 인사과장과 짧은 대화를 하고 즉시 좋은 자리에 채용이 되었다. 그 회사의 인사과장은 자동차의 타이어가 터져서 길가에 서 있었던 그 중년부인이었던 것이다. 정말 우연이라고 하기는 너무나 기막힌 일이 아닌가? 우리의 작은 친절이 큰 결실을 맺는 것은 그리 어렵지 않는 일이다. 세상에서 가장 쉬운 전도는 그리스도인의 작은 친절이다.

농촌교회에 부임하였을 때 가가호호 인사를 다녔다. 젊은 사람이 찾아오니 모두 반가워하셨다. 홀로 사시는 독거노인들의 가정을 방문할 때면 마음이 아팠다. 기름값을 감당하지 못해 보일러는 꺼진 지 오래다. 전기장판에 두꺼운 이불이 24시간 펴져 있다. 1인용 작은 밥상에는 며칠째 그 반찬 그대로다. 교회로 돌아와 반찬 나눔 사역을 하기로 했다. 매주 반찬을 만들어 독거노인들을 찾아갔다. 처음에는 미안해 하시면서 빈 반찬통에 천 원, 이천 원씩 담아 주시기도 했다.

89세 시영아 할머니는 나를 무척이나 반겨 주셨다. 연세는 드셨지만 늘 씩씩하셨다. "목사님, 나는 이 나이 묵도록 병원 한 번 안 갔어." 하고 늘 건강을 자랑하곤 하셨다.

어느날, 할머니에게 교회에 나오실 것을 권했다.

"암~ 나가야지. 우리 딸도 권사여~"

그리고 교회에 나오셨다. 할머니는 손자 같은 내가 좋다고 하신다. 예배시간에 말씀을 전할 때면 엄지손가락을 치켜 들며 외친다.

"맞어! 맞어!"

할머니의 우랑찬 대답에 한바탕 웃음바다가 된다.

하루는 할머니에게 "아멘"에 대해 가르쳐드렸다.

"할머니, 목사가 하는 말이 마음에 맞으면 아멘이라고 하세요."

그때부터 할머니는 설교시간마다 "아믄! 아믄!" 외치신다.

89세 때 처음 교회에 나오셔서 90세에 세례를 받고 돌아가셨다. 인생은 길었지만 함께 한 시간이 너무 짧아 아쉬웠다. 조금만 빨리 만났다면, 아니, 조금만 일찍 예수님을 믿었다면 그렇게 외롭지 않으셨을 것을. 작은 반찬 나눔 사역을 통해 하나님이 보내 주신 귀한 전도의 열매였다. 지금도 할머니의 "아믄!" 소리가 들려오는 듯하다.

〈홈 플러스 친절사관학교 교훈〉

5가지 친절 습관

– 반가운 인사로 기쁨을 배웁니다.

– 친근한 미소로 행복을 배웁니다.

– 친절한 행동으로 배려를 배웁니다.

– 깨끗한 청결로 보람을 배웁니다.

– 단정한 용모로 신뢰를 배웁니다.

〈친절한 전도 스마일 10가지〉

① 힘차게 웃으며 하루를 시작하라. 활기찬 하루가 될 것이다.

② 거울을 보고 웃으며 자신을 격려하라.
③ 즐겁게 웃으며 식사하라. 피가 되고 살이 된다.
④ 웃으면서다짐하고 웃으면서 전도하라.
⑤ 모르는 사람에게도 미소를 지으라.
⑥ 만나는 사람마다 웃으며 인사하라.
⑦ 회의할 때 먼저 웃으며 시작하라.
⑧ 하루에 다섯 명을 웃겨라.
⑨ 힘들 때는 더 웃어라.
⑩ 가정에서 무조건 웃어라.

5. 러브 터치 : 타인을 향한 최고의 사랑은 전도다.

"하나님이 세상을 이처럼 사랑하사 독생자를 주셨으니 이는 저를 믿는 자마다 멸망치 않고 영생을 얻게 하려 하심이라(요 3:16)."

① 인류를 향한 하나님의 사랑 십자가 복음을 전하라.
② 영혼을 향한 최고의 사랑 십자가 복음을 전하라.
③ 영원한 사랑, 영원한 희망, 십자가의 복음을 전하라.

러브 터치는 전도의 핵심이다. 전도 인맥인 예비 교인을 불쌍히 여기고 사랑하지 않는다면 결코 전도할 수 없다, 아무리 지식적인 동의나 인간적인 감정이 있다 할지라도 영혼을 향한 사랑이 없이는 전도의 열매를 맺지 못한다. 영혼을 향한 뜨거운 사랑의 마음이 있을 때 아무리 힘들어도, 아무리 고난이 와도 물러서지 않고 복음을 증거하는 것이다.

터치 전도는 사랑 전도이다. 터치 전도를 하면서 마음에 사랑이 없으면 전도할 수도 없고 전도도 되지 않는다. 예수 그리스도의 십자가의 복음은 사랑이기 때문이다. 예수님의 사랑을 알지 못하고 예수님의 사랑을 받지 못한 사람은 전도할 수 없다. 반대로 예수님의 사랑을 알고 예수님의 십자가의 사랑을 깨달은 자는 반드시 그 사랑을 전해야 한다. 그러므로 먼저는 전도자인 내 안에 예수님의 십자가의 사랑이 활활 타올라야 한다. 그 사랑을 가지고 예비 교인들에게 다가가면 자연히 예수님의 사랑이 전달되는 것이다. 이것이 복음 전도이다. 그래서 전도는 억지로 짜내는 것이 아니다. 아름다운 말이나 지혜로운 말로 하는 것이 아니다. 다만 그리스도의 사랑이 전파되어지는 것이다.

사도 바울은 "그리스도의 사랑이 나를 강권하시는도다."라고 했다. 사도 바울이 자신의 전 생애를 드리고, 자신의 모든 것을 배설물로 여기고, 오직 주와 복음을 위해 달려갈 수 있었던 것은 그리스도의 사랑이 그 안에 가득했고, 그리스도의 사랑이 그를 강권했기 때문입니다. 그래서 사랑하면 전도한다.

사랑하면 전도할 수 있다. 사랑으로 전도할 때 전도가 되어지는 것이다.

지금도 수많은 영혼들이 사랑받기를 원한다. 예수님의 사랑을 기다리고 있다. 그 누구도 예수님의 사랑을 받지 않아도 될 만큼 부유한 사람은 없다. 또 예수님이 사랑을 받지 못할 만큼 가난한 사람도 없다. 모두가 예수님의 사랑이 필요한 것이다.

러브 터치의 출발은 예비 교인에 대한 작은 관심이다. 사랑은 상대방을 향해 배려하는 것이다. 야고보 사도는 "말과 혀로만 사랑하지 말고 행함과 진실함으로 하라."고 했다. 진실된 사랑은 사람을 변화시키고 하나님 앞에 나아오게 한다. 짤막한 위로의 문자 한 통, 격려의 전화 한 통도 예비 교인에게 힘과 용기를 줄 수 있다.

✕

전도사 시절에 섬기던 교회 바로 옆에 홀로 사는 아저씨 같은 총각이 있었다. 불우한 가정에서 자라 일찌감치 현장 일용직으로 근근이 생활하는 사람이다. 그는 늘 술과 담배를 달고 살았다. 교회에서 예배를 드리면 시끄럽다고 교회 현관에서 소리를 지르곤 했다.

어느날, 술에 취한 채로 자신이 키우던 흰색 개를 끌고 예배당에 올라와 "우리 진순이(개) 입적 시켜 주세요."라고 하는 것이다. 한마디로 개를 교회에 등록해 달라는 것이다. 아무리 설득하고 말려도 막무가내다. 술만 취하면 교회에 와서 소리지르고 행패를 부린다. 파출소에서 경찰이 와서 데려가야 조용해지는 날도 있었다.

그런데 언젠가부터 재희 씨의 모습이 뜸해졌다. 수소문해 알아봤더니 술을 너무 많이 먹어 간에 이상이 생겨 병원에 입원 중이라는 것이다. 교회 여전도회를 중심으로 간호도 하고, 반찬이며 식사 등을 제공해 주었다. 다행이 얼마 안 돼 퇴원할 만큼 건강을 회복했다. 여전도회에서는 집으로 돌아온 이후에도 계속해서 그를 돌봐 주었다. 주민등록증이 없어서 의료보험 혜택도 받지 못하는 상황이었다. 어렵게 본적을 찾아내고 혈육을 찾아서 주민등록증도 발급할 수 있도록 해 주었다. 남전도회에서는 그의 집세를 매월 대납해 주고, 이불이며 옷가지며 그의 필요를 공급해 주었다.

그러던 과정 가운데 재희 씨의 마음이 열리기 시작했다. 자신도 교회를 다니고 싶다면서 스스로 등록을 했다. 마치 순진한 어린아이처럼 시간시간 예배에 참석하며 교회생활을 하게 되었다. 그에게 필요한 것은 이웃의 관심과 사랑이었다. 그 사랑이 채워질 때 그의 태도가 변하고 그 영혼이 주님 앞에 나올 수 있는 길이 열린 것이다.

사광과 관심은 술주정뱅이도 어린아이처럼 변하게 만든다. 사랑의 시작, 전도의 시작은 작은 관심과 배려에서부터이다.

어느 성탄 전날, 재희 씨가 큼직한 비닐봉지에 무엇인가 가득 담아 교회 사무실로 찾아왔다. 성탄절을 맞이하여 목사님과 교역자들, 여전도회 권사님들 선물이라며 양말을 사온 것이다. 사랑받은 사람은 사랑을 나누게 된다. 재희 씨에게 받았던 성탄선물은 너무도 값지고 귀한 선물이었다. 그해 성탄절은 너무나 따뜻한 성탄절이었다. 한 영혼이 주님께 돌아오고 변화되는 모습은 말할 수 없는 기쁨과 감격 그 자체였다.

하나님은 지금도 또 다른 재희 씨가 주님께 돌아오기를 기다리고 계실 것이다. 오늘도 주님의 사랑을 가지고 예비 교인에게 다가가 관심과 배려로 사랑을 나눌 때, 그 영혼은 주님 앞에 한걸음 더 가까이 다가오고 십자가의 복음을 통과하게 될 것이다.

"나도 터치! 너도 터치! 영혼 구원! 교회 부흥! 사랑 터치하며 전도하자!"

6. 감동 터치 : 감동은 진정성이다.

"바나바는 착한 사람이요 성령과 믿음이 충만한 자라 이에 큰 무리가 주께 더하더라(행 11:24)."

① 잔잔한 감동이 영적 파장을 일으킨다.
② 감동이 있는 곳에 복음의 문이 열린다.
③ 감동은 실천이다.

오늘을 사는 사람들은 누구나 할 것 없이 감동을 받기를 원한다. 감동을 받지 않으면 움직이지 않는 시대가 되었다. 상품을 팔아도 상품 자체보다는 상품 안에 담겨진 이야기를 통해 감동을 받아야 구매하는 시대이다. 고객 만족의 시대를 지나 이제는 고객 감동, 더 나아가 고객 절도라는 단어가 보편화 된 시대이다. 이러한 시대에 지역사회에 감동이 없는 교회는 외면당하게 되고, 예비 교인들에게 감동이 없는 전도자들은 전도의 열매를 맺기 어려운 시대이다.

요즘처럼 전도방법도 많고, 전도 프로그램도 많고, 전도훈련도 많고, 훈련된 전도자도 많은데 왜 전도의 열매가 없을까?

전도는 방법만으로 되지 않기 때문이다. 전도의 방법보다 전도자의 변화된 삶이 더 중요한 것이다. 세상의 믿지 않는 사람들은 "복음을 말로 전하지 말고 삶으로 보여 달라."고 눈빛을 보낸다. 중요한 것은 교회가 세상을 향해 감동을 주는 교회가 되어야 하고, 전도자가 세상 사람들에게 감동을 주는 자들이 되어야 한다는 것이다.

오죽하면 불신자들의 입에서 '복음은 좋은데 교회는 싫고, 예수님은 좋은데 교인들은 싫다' 는 말이 나올까? 이는 우리 자신을 철저히 돌아보고 전도자인 나 자신이 변화받지 않고서는 전도의 열매도 교회 부흥도 기대할 수 없다는 것이다.

터치 전도는 방법이나 프로그램을 배우는 전도가 아니다. 전도자인 나 자신을 믿음으로 변화시켜 가는 부흥 프로젝트이다. 내가 변하면 교회가 변하고, 내가 변하면 예비 교인들도 변화를 받게 된다. 이 땅의 부흥과 회복은 변화된 나로부터 시작되는 것이다.

예비 교인들이 전도를 받을 때 느낌은 어떨까? 한 조사결과에 의하면 약 83퍼센트가 '부정적인 느낌을 받았다' 는 대답을 했다. '긍정적인 느낌' 은 11퍼센트에 그쳤다. 불신자 10명 중 8명 이상이 부정적인 느낌을 받는다는 것이다. 부정적 느낌을 받았다고 응답하는 경우 '느낌이 없다(22.4%)', '귀찮다(11.4%)', '거부감이 생긴다(6.3%)', '싫다(3.8%)' 였다. 그외 '짜증난다, 싫다, 부담스럽다' 는 대답으로 이어졌다. 이와 같은 결과는 전도자들이 불신자들에 대해 막무가내식으로 일방적이고 공격적인 전도 방법을 사용하기 때문이다.

전도 대상자들이 공감하고 거부감 없이 받아들일 수 있는 전도야말로 이 시대의 대안이다. 그런 의미에서 감동 터치는 축호 전도와 노방 전도 등의 한계를 극복할 수 있는 것이다. 인맥 터치, 친절 터치, 러브 터치를 통해 관계가 형성되어 있는 예비 교인들에게 지속적으로 접촉하여 감동을 주는 것이다. 실제로 어느 통계에 의하면 전도를 받아 교회로 연결되어 초기 신앙생활을 하는 사람들의 가장 많은 고백은 나를 전도해 주었던 전도자의 생활을 보고 감동을 받아 교회에 나가기로 결심했다는 것이다.

친절 터치가 예비 교인의 심령을 건드린다면 감동 터치는 그 심령을 움직이고 변화되게 만드는 과정이다.

오늘은 감동 터치 주일이다. 이번 한주간은 내 주변에 있는 전도 인맥들에게 감동을 주는 주간이다. 그동안 관계했던 예비 교인들에게 크든 작든 감동을 주는 것이다. 감동을 주면 마음이 열리고, 마음이 열리면 귀가 열리고, 귀가 열리면 복음을 듣게 되고, 복음을 들으면 전도가 되는 것이다.

전도는 예비 교인을 사랑으로 품고 지속적인 감동을 줄 때 시작된다. 예비 교인의 영혼을 불쌍히 여기고 그들의 아픔과 고통을 마음으로 품을 때 감동이 되는 것이다. 감동을 주지 못하는 전도는 실패할 수밖에 없다.

※

우리가 사는 이 시대는 타인에 대해 무관심의 시대이다. 이웃에 누가 사는지 관심이 없다. 최근 부산의 도심 주택가에서 숨진 지 5년이 넘은 것으로 추정되는 60대 후반의 할머니의 시신이 백골 상태로 발견되었다.

발견 당시 극심한 추위를 피하려는 듯 두꺼운 옷을 아홉 겹이나 입고, 목장갑을 낀 채 누워 있었다. 집안에 몇 가지 가재

도구만 있고 음식물은 전혀 발견되지 않았던 것으로 보아 홀로 어렵게 살아가던 할머니가 추위와 굶주림으로 사망한 것으로 추정했다. 180가구가 있는 작지 않은 마을이었지만 어느 누구도 이 할머니의 상황을 아는 사람이 없었다고 한다. 집주인마저도 월세를 정산하기 위해 찾아갔다가 발견한 것이다. 더욱더 가슴 아픈 것은 유일한 혈육인 이복오빠마저도 돌아가신 할머니의 시신 수습을 거부했다는 사실이다.

2013년 현재 65세 이상 독거노인의 수는 전체 노인인 구의 4분의 1인 125만 명 정도라고 한다. 지금 이 시간에도 어디선가 고독하게 살아가는 수많은 어르신들이 있을 것이다. 이는 비단 노인들에게만 해당되는 것이 아니다. 어린아이, 청소년, 청년, 장년 할 것 없이 사람은 누구든지 사랑과 관심의 대상이다. 무관심한 이 세상에서 우리 전도자들의 예비 교인들을 향한 지속적인 관심과 사랑이 그들을 감동시키고 전도의 문이 열리게 될 것이다.

감동 터치는 성도 누구나 할 수 있는 것이다. 어린아이에서 노인에 이르기까지 남녀노소를 막론하고 함께 할 수 있는 전도다. 예비 교인을 향한 관심과 섬김으로 그들에게 다가 가기만 하면 된다. 누구든지 각자에게 있어야 할 필요가 있다. 관심을 가지고 찾아보면 감동을 줄 수 있는 일들이 얼마든지 있다.

도시나 지역이나 어디든 그 지역에 맞는 필요들이 있다. 관심을 가질 때 보이는 것이다. 농촌은 농촌에 맞게, 산촌과 어촌은 산촌과 어촌에 맞게, 도시는 도시의 맞게 관심만 기울이면 감동적인 전도의 방법은 무궁무진하다.

예를 들어 보자. 전형적인 농촌교회는 많은 경우 젊은 사람들은 적고 노년층이 대다수다. 노부부가 사시거나 홀로 사시는 분들도 많다. 그분들에게 관심을 기울이다 보니 반찬 나눔 사역, 사랑의 연탄 나눔, 농번기철 일손 돕기(못자리전도, 모내기전도, 추수전도), 노인정 방문(호떡전도, 콩나물, 두부전도), 의료봉사, 장수사진 촬영, 이·미용 봉사, 목욕 봉사, 차량 봉사 등 수많은 필요들이 있음을 보게 되었다. 이런 일로 지역 주민들을 섬기다 보니 자연스럽게 어르신들이 감동을 받고 한 분 두 분 교회에 나오게 되었다. 감동 터치는 예비 교인들에게 관심을 기울여 섬기는 것이다. 그래서 전도가 행사가 아닌 행복을 나누는 잔치인 것이다.

〈예비 교인을 움직이는 감동터치의 방법〉

첫째, 예비 교인들의 필요를 채워 주라.

① 영적 필요 채우기

② 육적 필요 채우기

③ 사회·문화적 필요 채우기

④ 경제적 필요 채우기

⑤ 기타

둘째, 예비 교인의 친구가 되어 주라.
① 예비 교인의 이름을 정확히 기억하라.
② 예비 교인의 친절하게 대하라.
③ 예비 교인의 말을 경청하라.
④ 예비 교인의 전도 대상자와 함께 식사할 자리를 만들라.
⑤ 예비 교인에게 선물을 하라.

셋째, 예비 교인과 좋은 관계를 유지하라.
① 예비 교인을 위해 계속 기도하라.
② 항상 인사하고 좋은 인상으로 친절하게 대하라.
③ 공통관심사를 찾아 함께하라.
④ 인내를 가지고 짧게 자주 접촉하라.
⑤ 예비 교인의 필요를 계속 파악하라

〈감동 터치 전도를 위한 전도자의 10가지 법칙〉

① 먼저 손을 내밀라.
② 호감을 가져라.
③ 소통하라.
④ 따뜻한 언어를 사용하라.
⑤ 상처를 주지 말라.
⑥ 마음을 전달하라.

⑦ 많이 웃고, 많이 웃기라.
⑧ 필요를 채우라.
⑨ 참고, 이해하고, 용서하라.
⑩ 먼저 등 돌리지 말라.

7. 열정 터치 : 열정 터치로 전도의 야성을 키우라.

"주인이 종에게 이르되 길과 산울가로 나가서 사람을 강권하여 데려다가 내 집을 채우라(눅 14:23)."

① 한 번 물면 놓지 않는다.
② 가슴에 불타는 전도 열정만이 영혼을 구원한다.
③ 열정은 기적을 낳는다.

열정(passion)이란 무엇인가? 우리말 사전을 보면 열정은 '좋아하는 일에 대하여 타오르는 열심' 이라고 말한다. 영어로는 'passion' 이라고 한다. 열정을 가진 사람은 무슨 일이든 성공한다. 세계 역사는 열정을 가진 사람들이 만들어왔다. 기독교 역사도 마찬가지이다. 바울의 열정이 땅 끝까지 복음을 전하는 기독교 세계화의 초석을 만들어 주었다. 바울의 열정은 예수님에게로 받은 것이다. 신학자 위스비는 "바울의 몸속에는 사람의 피가 흐르는 것이 아니라 예수의 피가 흐르고 있다."고 했다. 예수 그리스도의 은혜가 바울을 열정의 사람으로 만들었다.

물건을 판매할 때 세일즈맨 중 48퍼센트가 단 한 번 권유하고 포기한다고 한다. 두 번 권유하는 사람은 25퍼센트, 세 번 권유한 사람은 15퍼센트, 4번 이상 권유한 사람은 12퍼센트밖에 되지 않는다고 했다. 그러나 놀라운 사실은 12퍼센트의 세일즈맨이 전체 판매량의 80퍼센트 이상을 차지한다는 것이다. 결국 88퍼센트의 세일즈맨이 판매한 상품은 고작 20퍼센트에 불과했다.

"열 번 찍어 안 넘어가는 나무 없다."는 말이 있다. 상품을 팔아도 이와 같은 열정을 가지고 인내하며 계속하는데 하물며 영혼을 구원하는 일은 열정이 없이는 될 수 없는 것이다.

❀

어느 농촌에 한 가난한 소년이 살고 있었다. 공부에는 관심조차 없었던 소년은 고등학교 진학에 실패하여 시골에서 농사일을 배우며 청소년 시기를 보내고 있었다.

배움과 삶에 대한 의욕을 잃어버린 소년은 도무지 미래가 보이지 않았다. 앞으로 어떻게 살아야 할지, 또한 무엇을 해야 할지 결정을 하지 못한 채 암담하기만 한 하루하루를 보내고 있던 어느날, 그는 우연히 마을에 있는 교회를 가게 되고 믿음을 가지게 되었다.

그후 소년의 마음에는 꿈이 자라기 시작했다. 비록 농촌에서 농사를 짓고 살아가지만 그의 가슴에 자리잡은 믿음과 꿈을 향한 열정은 불처럼 타오르기 시작했다. 그의 열정은 실력을 쌓게 했고, 점차적으로 자신의 인생을 새롭게 디자인하기 시작했다. 소년은 쉬지 않고 노력하며 학업을 이어갈 열정으로 밤을 지새우며 공부했다. 그 결과, 2년이나 늦게 고등학교에 진학했지만 결국은 꿈도 꾸지 못했던 대학에도 진학하게 되었다.

소년의 꿈과 열정은 여기서 끝나지 않았다. 대학교를 졸업하고 하와이로 유학을 가게 되고, 그곳에서 농업 박사학위를 받기에 이르렀다.

자신의 꿈과 비전을 향하여 열정을 가지고 아프리카로 건너간 소년은 혹독히도 가난해 보였던 어린 시절을 반추하며 연구에 연구를 거듭한 끝에 기아에 시달리는 아프리카인들의 식량사정을 획기적으로 개선하는 데 크게 기여했으며 그들에게 미래에 대한 희망과 비전을 심어 주기도 했다. 이 일로 인하여 그는 "위대한 한국인"이라는 칭호를 얻었고 노벨상 후보에까지 추천되는 영예를 얻게 되었다. 이 사람이 바로 "옥수수 박사"로 불리는 김순권 박사이다.

세상에는 네 가지 유형의 사람이 있다.

① 무슨 일이든 성취해 내는 사람.

② 남이 성취한 것을 지켜만 보는 사람.
③ 남이 성취한 것에 감탄하는 사람.
④ 무슨 일이 일어났는지 깨닫지도 못하는 사람.

우리는 무슨 일이든 성취해 내는 사람이 되어야 한다. 생명 터치 데이를 목표로 전도 대상자들을 반드시 전도하리라는 결단을 가지고 열정을 다해 사명을 완수해야 한다. 열정이 기적을 낳는다. 절망적인 상황들이 눈앞에 있다 할지라도 절망하지 말고 오히려 용기를 가지고 절대긍정의 마음으로 달려가야 한다.

열정 터치 기간에 온힘을 다해 "강권하여 데려다가 내 집을 채우라"는 말씀을 붙잡으라. 그리고 "주님, 제가 저 빈자리를 채우겠습니다." 결단하고 나아가라.

이번 주간에는 앞뒤 가리지 말고 열정을 가지고 예비 교인들을 찾아가서 예수 그리스도의 복음을 증거해야 한다. 결코 미루지 마라. 이제는 시간이 없다. 선택의 여지가 없다. 열정을 가지고 하나님 아버지의 마음을 가지고 가기만 하면 주님이 도와주실 것이다.

물건 하나를 파는 세일즈맨도 열정 없이는 할 수가 없다. 예수 그리스도의 복음은 죽은 영혼을 살리는 것이다. 지옥 갈 영혼을 천국으로 인도하는 길이다. 절망과 저주 가운데 있는 영혼을 희망과 축복으로 인도하는 길이다. 절대긍정의 마음으로 나아가자.

"전도합시다. 하면 됩니다. 내가 합니다. 지금 합시다."

✕

어느 토요일 저녁시간에 사택으로 전화가 왔다.

"여보세요? 목사님이세요? 나 연화수퍼여~(마을 주막집) 여기 전도할 사람 있는디 전도하러 올 거요?"

동네 어르신들이 막걸리를 드시는 작은 주막 사장님이 전화한 것이다. 간혹 행사 때 교회는 나오지만 우리 교회에 대해 긍정적으로 보시는 몇 안 되는 마을 사람 중 한 분이다.

"예~ 금방 갈게요."

자전거를 타고 주막으로 갔다. 주인 아저씨까지 세 분이 막걸리를 들고 계셨다. 인사를 하고 그분들이 하시는 이야기를 들었다.

몇 일 전에 지나다가 우리 교회에 등록한 40대 젊은 형제가 있었다. 도시에서 직장생활을 하다가 실패하고 고향으로 귀농한 형제다. 교회를 찾아와 등록을 하고 등록선물로 새 가족 용으로 준비해 둔 고급 가죽 성경을 선물로 주었는데 전 씨 아저씨가 자기도 그 성경책을 가지고 싶다는 것이다. 그러면서 나에게 "나도 자크 달린 성경책 하나 주면 교회 다닐 것인디 목사님 줄 수 있어요?" 하고 물어보신다.

"성경책 드리면 진짜 교회 다니실 거에요?"

"내가 나이 먹어서 목사님한테 거짓말 하것소?"

"그럼 잠깐만 기다리고 계세요. 지금 교회 가서 가져올게요."

"진짜여? 그라믄 좋제~ 얼른 가따 오시게라~"

자전거를 타고 즉시 가서 성경책을 가져왔다. 그리고 그 자리에서 아저씨 성함을 쓰고 성경책 전달식을 조촐하게 하고, 교회 등록 카드까지 받아냈다. 그리고 그날 막걸리 값은 내가 대신 지불했다. 그랬더니 너무 고마워하시며 기분 좋아하셨다. 이렇게 막걸리집에서 전도되어 학습받고, 세례까지 받으신 분이 전계선 성도님이다.

열정이 있으면 주막집에서도 전도의 열매가 맺어진다. 전도는 열정이다.

〈전도의 열정을 자극하는 열 가지 방법〉

① 성령님께 전도의 열정을 달라고 기도하라.
② 전도의 목표를 설정하고 절대로 포기하지 말라.
③ 절대긍정의 언어를 사용하라.
④ 긍정적인사람과 대화하라. 긍정적인 사람은 열정의 사람이다.
⑤ 다른 사람을 도전하므로 내 자신도 도전을 받는다.
⑥ 자신감을 가지고 담대히 나가라.

⑦ 전도의 동기부여가 될 수 있는 열정의 간증을 들으라.
⑧ 전도에 관한 좋은 책을 읽으라.
⑨ 복음을 증거하는 훈련을 계속하라.
⑩ 만나는 사람마다 예수님을 자랑하라.

8. 축복 터치 : 전도는 모든 축복을 여는 열쇠요, 축복의 지름길이다!

"지혜 있는 자는 궁창의 빛과 같이 빛날 것이요 많은 사람을 옳은 데로 돌아오게 한 자는 별과 같이 영원토록 비취느니라(단 12:3)."

① 전도는 축복의 통로다. 전도에 생명을 걸라.
② 전도는 축복의 기회다. 전도에 인생을 걸라.
③ 전도는 축복의 열쇠다. 전도에 전부를 걸라.

원터치 부흥 프로젝트의 마지막 결실을 앞두고 축복 터치가 진행된다. 전도는 행사가 아니라 행복이며 축복이다.

"많은 사람을 옳은 데로 돌아오게 한 자는 별과 같이 영원토록 비취느니라(단 12:3b)."

하나님은 전도자를 하늘나라의 스타가 되게 해 주신다. 그것도 잠시 잠깐 반짝하고 사라지는 스타가 아니라 영원토록 빛나는 하늘나라 스타이다. 아무리 강조해도 지나치지 않은 전도는 모든 축복을 여는 열쇠요, 축복의 지름길이다. 전도는 하나님께서 천사에게도 맡기지 아니하고 오직 구원받은 성도들에게만 허락하신 권리요, 축복의 통로이다. 전도는 받는 사람에게만이 아니라 전하는 사람에게도 동일하게 영원한 복이 되는 것이다. 천하보다 귀한 영혼이 바로 우리의 손에 달려 있다. 교회의 회복과 성장과 부흥도 우리의 손에 달려 있다. 개인의 생사화복의 문제가 우리의 손에 달려 있다. 한민족의 나라의 흥망성쇠가 우리의 손에 달려 있다.

우리의 손은 바로 복음을 전하는 손이다. 복음을 전하는 우리를 통해서 개인이 살아나고, 가정이 살아나고, 교회가 회복되고, 민족과 열방이 주께로 돌아온다. 하나님은 이 귀한 일을 우리에게 맡기셨다.

이제 마지막 이 한주간을 통해 생명을 걸어야 한다. 나의 전부를 드리는 마음으로 나아가야 한다. 그러할 때 다음주일에 영적 대추수의 기쁨을 누리게 될 것이다.

예수 그리스도는 우리의 영원한 소망이시며. 우리의 영원한 희망이시고, 우리 삶의 존재 이유이시다.

터치 전도는 지역을 변화시키는 인맥 전도이다. 가문을 변화시키고, 가정을 변화시킨다. 복음이 들어가는 곳마다 인생이 변화되고, 가정이 변화되고, 지역이 변화되고, 민족과 열방이 변화된다. 복음은 능력이요, 놀라운 축복의 파도를 일으킨다.

✻

전도를 하면 나 자신이 복을 받고 교회가 부흥된다. 교회가 부흥되면 가정이 살아난다. 개인과 가정이 살아나면 민족이 살아난다. 이것은 역사가 증명하고 있다.

초대교회가 목숨을 걸고 복음을 증거했을 때 복을 받았다. 당시 예루살렘 시민이 20만 명 정도였는데 10만 명 정도가 예수님을 믿는 기적이 일어났다. 그러다가 그 복음이 로마로 흘러 들어가서 로마가 복을 받아 기독교 국가가 되었다. 이들이 당시 세계를 통일하는 기적을 일으켰다.

그후 복음의 열정이 스페인으로 옮겨가 스페인이 부강하게 되었고, 중미와 남미의 많은 나라가 복음을 받아들이게 되었다. 그 복음이 영국으로 건너갔을 때 영국은 해가 지지 않는 나라였다. 그러나 영국도 선교 열정이 식어지면서 미국으로 옮겨지고, 다시 한국으로 왔다. 한국은 세계 선교를 두 번째로 많이 하는 나라가 되었다.

필리핀 선교사로 사역하는 최용휘 목사는 자신의 박사논문에서 한국이 5천 명의 선교사를 파송할 때 국민소득이 5천 불이었는데 1만 명의 선교사를 파송할 때 국민소득이 1만불로 늘어났고, 2만 명의 선교사를 파송할 때 2만 불의 국민소득을 달성했다고 한다. 이것은 놀라운 내용이 아닐 수 없다. 또한 미국 국제 금융시장을 주도하는 대표적인 투자은행 겸 증권회사인 골드만삭스는 2050년에 세계경제대국 1위가 미국이요, 2위가 한국이 될 것이라 예견했다. 복음을 위해 헌신하는 개인·가정·지역·민족은 하나님이 복을 주시는 이다.

내가 연포교회 부임할 당시 우리 교회에는 일할 수 있는 가장 젊은 남자 성도가 이익재 안수 집사님이셨다. (주)새만금 농산이라는 민영 '미곡종합처리장'을 경영하시는 분이다. 김제는 평야 지역이다. 쌀 생산이 전국에서 손 꼽히는 곡창지대다. 집사님은 25년 전 귀농해서 새만금농산 직원으로 입사해서 어머니 권사님과 안미순 집사님의 기도로 회사를 경영하는 사장까지 되었다. 10년 전 부도로 다 쓰러져 가는 공장을 회생시키고 피나는 노력으로 회사를 다시 세웠다. 그리고 지역 최초로 '무농약 친환경 쌀'을 생산하는 일에 도전해서 지금은 그 분야의 선구자 역할을 하고 있다. 또한 전국 대형마트 매장에 새만금 농산에서 재배하고 가공하여 유통하는 쌀이 없는 곳이 없을 정도로 쌀 유통 분야에 1, 2위를 다투고 있다. 다 쓰러져 가는 회사를 다시 세우는 것이 어찌 쉬운 일이었겠는가? 밤낮으로 오로지 회사를 위해 헌신하고 수고한 집사님과 직원들의 힘이 절대적이었을 것이다.

나는 이익재 집사님께 도전을 주었다.

"이 집사님! 내가 주의 일을 하면 주님이 내 일을 해 주십니다. 내가 아무리 노력하고 힘을 써도 내 수준밖에 안 되지만 주님이 도와주시면 주님 수준에서 일하십니다. 회사도 이제 주님께 맡기고 전도하는 일에 함께합시다."

감사하게도 집사님은 담임목사의 말에 순종하며 전도하는 일에 매진하였다. 교회와 전도를 위해 주일, 수요일, 금요일은 회사도 나가지 않기로 했다. 출근을 하더라도 교회 일과 전도의 일이라면 즉시 나올 수 있도록 조치해 놓은 상태였다. 이 집사님과 전도대원들이 못자리전도, 모내기전도, 추수전도, 호떡전도 등 논으로 마을로 열심히 전도하기 시작했다.

또한 매월 첫날에 회사 전 직원들과 함께 월삭예배 조찬기도회로 모이면서 "예배하면서 하나님이 기뻐하시는 기업이 되게 해 달라."고 기도했다. 그렇게 일 년이 정신없이 지나갔다. 그러는 가운데 주님은 신실하게 일하시고 축복하셨다.

먼저는 이익재 집사님 부부를 우리 교회에 든든한 장로님, 권사님으로 임직하게 해 주셨다. 수년 동안 시무장로가 없었던 우리 교회로서는 너무나도 감사하고 축복된 일이었다.

더불어 전국에서 생산되는 수백 가지의 쌀 브랜드 가운데 일 년에 한 번씩 전국 소비자 연맹에서 '전국 우수 브랜드 명품 쌀'로 12개 제품을 선정하는데 이 집사님 회사의 쌀이 당당하게 2년 연속 '명품 브랜드'에 올라간 것이다.

하나님은 어려운 경제 여건 속에서도 회사를 지켜 주셨다.

뿐만 아니라 지금도 전라도 지역에서는 규모 있는 첨단 시설을 갖추고 있는데, 2014년에 국비를 포함 50억여 원의 투자로 최첨단 시설을 갖출 수 있는 길이 열렸다. 목사로서 더욱 감사한 것은 이 장로님의 믿음의 고백이었다.

"목사님! 우리 희망교회의 앞으로 25년을 준비하라고 기회를 주신 것 같습니다."

"아멘!"이다. 우리 희망교회가 장차 지역과 통일 민족과 열방을 향해 나아가기 위해서는 반드시 준비가 필요한 것이다. 나는 기도한다. 그리고 더욱 축복한다.

"이 장로님과 (주)새만금농산을 들어 쓰셔서 하나님이 기뻐하시는 사업을 마음껏 감당하도록 복의 복을 더하시고 주의 손으로 도와주옵소서."

주와 복음을 위해 헌신하는 자를 하나님은 그냥 두지 않으시고 반드시 축복하시고 들어 쓰신다. 전도는 최고의 축복의 지름길이다.

〈전도를 좋아하는 사람들의 7가지 특징〉

① 전도하는 사람은 기도하는 사람이다. 매일 한 시간 이상 기도한다.

② 복음전도를 위한 튼튼한 신학적 기반 위에 서 있다. 예수 그리스도만이 유일한 구원자임을 확신한다.

③ 말씀을 묵상하는 일에 시간을 드린다. 묵상 가운데 하나님의 뜻을 깨닫고 실천한다.
④ 영혼을 사랑하는 열정을 가지고 있다.
⑤ 자신이 속한 지역사회를 사랑하고 하나님께서 자신을 그들에게 보내셨다고 믿고 헌신한다.
⑥ 복음전도를 위해 계획을 세운다. 전도할 기회를 만들고, 또 전도할 기회를 달라고 기도한다.
⑦ 전도에 대한 책임을 갖는다. 전도를 잘하는 사람은 다른 것보다 전도에 헌신한다.

전도는 천하보다 귀한 일이다. 전도하면 기쁨이 넘친다. 전도자의 앞길이 열린다. 또 형통하게 된다. 유명한 사람이 되고 큰사람이 된다. 하나님께서도 하나님의 이름을 위하여 들어서 사용하신다. 무엇보다도 전도자에게는 하늘의 상급이 크다.

원터치 부흥 프로젝트 마지막까지 최선을 다해서 하나님이 부어 주시는 놀라운 기적과 축복을 경험하는 하늘나라 스타가 되도록 하자.

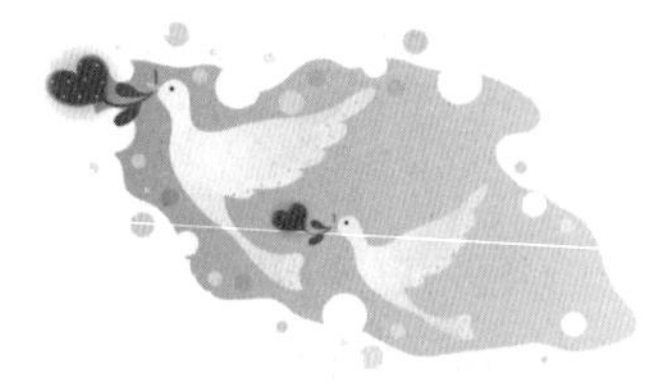

9. 생명 터치 : 한 영혼 생명 터치! 주님의 기쁨 나의기쁨!

"가라사대 내가 은혜 베풀 때에 너를 듣고 구원의 날에 너를 도왔다 하였으니 보라 지금은 은혜받을 만한 때요 보라 지금은 구원의 날이로다(고후 6:2)."

① 생명 터치로 천하보다 귀한 영혼 초청하기
② 생명 터치로 천하보다 귀한 영혼 환영하기
③ 생명 터치로 천하보다 귀한 영혼 축복하기

생명 터치는 그동안 최선을 다해 터치했던 예비 교인들을 교회로 인도하는 주일이다. 내가 그동안 터치한 예비 교인들을 찾아서 교회로 영접하는 날이다. 최대한 친절하게 영접하여 예비 교인들의 마음에 고마움을 느끼게 하고 하나님을 기쁘시게 하는 시간이다. 모든 성도들이 생명 터치를 위해 달려왔다. 생명 터치 데이는 하나님께 영광을 돌리는 거룩한 날이 되어야 한다. 예비 교인들이 스스로 교회에 나오고 예수님을 믿기란 쉽지 않다. 누군가가 예비 교인을 위해 기도하며 그를 교회로 이끌어 주어야 한다.

일단 교회에 모셔오는 것이 중요하다. 교회에 첫 발을 딛게 하는 것은 매우 중요하다. 첫 발걸음이 믿음으로 연결되고 예수 그리스도의 생명으로 연결되는 기회가 되기 때문이다. 예비 교인에게는 교회라는 곳이 너무도 생소하고 어색할 수 있다. 그러나 우리의 섬김과 사랑의 영접이 저들의 마음문을 여는 계기가 되어진다.

✻

나의 아버지는 70 평생 단 한 번도 예배당을 가보신 일이 없었다. 누구도 나의 아버지에게 교회 가자는 사람도 없었다고 한다. 과거에 아버지는 해병대에서 군복무를 하셨다. 그야말로 불 같은 성격에 술을 좋아하셨다.

조상 숭배 때문에 집안의 제사는 아버지가 도맡아 지내셨다. 우리 집안 제사뿐만이 아니라 남의 시제까지 두 곳이나 지냈다. 남의 시제를 지내 주면 적잖은 밭과 논에 농사를 지을 수 있었기 때문이다. 그 전답을 빼앗기지 않으려고 더욱더 제사를 지냈다. 나의 아버지는 교회 나가실 분이 절대 아니었다. 오히려 교인들도 전도하기 꺼려하는 대상 중 한 분이었다.

그러던 중 내가 예수님을 믿고 지금의 나의 아내와 교제하던 중 목사님과 양가 부모님을 모시고 약혼예배를 드리기로 했다. 처가댁은 예수님을 믿는 가정이기에 어려움이 없었다. 그러나 우리 집이 문제였다. 특별히 아버지가 교회식으로 하는 약혼예배를 참석하실까 하는 의구심도 있었다. 그러나 늘 밝고 상냥한 아내를 아버지는 예뻐해 주셨다.

아내는 아버지를 설득해서 조용한 식당을 예약하고 식사 전에 예배를 드렸다. 아버지 생애 처음 드리는 예배였다. 예배를 마친 후 식사를 했다. 그리고 이 기회에 아버지를 교회로 인도하고 싶은 마음이 들었다. 그래서 아내와 나는 기독교식으로 약혼을 하면 교회에 가서 사진촬영을 해야 한다고 했다. 그리고 아버지를 모시고 나의 고향교회인 용당중앙교회로 갔다. 아버지는 당연한 일인 줄 아시고 기꺼이 교회에 오셨다.

당시 우리 고향교회는 예배당을 아름답게 건축한 터라 깨끗하고 좋았다. 바닥은 고급 카펫트가 갈려 있고, 전면에는 크리스탈 유리로 모양을 내서 햇볕이 예배당까지 들어오도록 지어졌다. 아버지는 생애 처음으로 예배당이라는 곳을 들어오셨다. 나는 지금도 아버지의 표정을 잊을 수가 없다.

마치 새로운 궁전에 들어오신 것처럼 예배당 이곳저곳을 신기하게 살펴보셨다. 그리고 좋은 인상을 보이셨다. 이렇게 예배당에 첫발을 딛게 하신 하나님께서 지금은 아버지가 그 교회 집사님이 되게 하셨다. 주님의 은혜였다. 첫 발걸음이 믿음으로 이어질 것이라고는 누구도 몰랐다. 그렇게 시작된 교회생활은 점점 신앙으로 이어지게 되었다.

얼마 되지 않아서 그 좋아하시던 술을 끊으셨다. 교회에 나온 뒤로 술이 잘 받지 않는다는 것이다. 하루에 1.5리터 한 병도 거뜬히 드시던 분이 술을 한 잔만 먹어도 열이 나고, 입에서 고무 타는 냄새가 나는 것 같아서 술을 마실 수가 없다고 하셨다. 이 얼마나 기적 같은 일인가? 나는 성령께서 술을 끊을 수 있도록 도와주신 것이라고 믿는다. 더욱 놀라운 것은 하루에 두 갑도 피우시는 담배를 끊겠다고 결단하신 것이다. 그리고 해병대 정신으로 담배를 끊으셨고 13년이 지난 지금까지 담배는 입에 대지도 않으신다. 얼마나 감사한가?

나는 지난 세월을 돌아보면 내 아버지 때문에 감사하다. 예수님을 믿기 전에는 아버지의 핍박 때문에 하나님 앞에서 울기도 많이 했다. 그러나 그 아버지 때문에 내 믿음이 자라게 되었다. 아버지가 예수님을 믿게 된 후로는 아버지의 변화되어 가시는 모습을 보고 너무나 감사해서 눈물을 흘렸다.

명절 때면 내가 가정예배를 인도한다. 가끔 아버지께 기도를 부탁드릴 때 아버지께서 손주들 앞에서 눈물 흘리시며 기도를 잇지 못하신다. 얼마나 귀한 일인가? 나는 내 아버지를 사랑하고 존경한다. 자식 이기는 아비 없다고, 어쩌면 아버지는 자식 때문에 자신의 모든 자존심과 체면을 다 버리고 교회를 나오신 것이다. 그리고 믿음의 결단을 하셨다. 이 또한 자식을 향한 아버지의 사랑에서 시작된 것이다.

그렇다. 생명 터치 데이는 예비 교인에게 예배당 문턱을 넘어서게 하는 날이다. 교회 문턱이 불신자에게는 한없이 높다. 그런 그들에게 교회 문턱을 한 번만이라도 넘어서게 하는 것이다. 한 번 넘어서면 다음에는 더 수월해진다. 두 번 세 번 예배당을 찾다보면 어느 순간에는 성령이 그를 붙들어 주신다. 그리고 새 가족이 되어지는 것이다.

혹 당일에 못 나온 예비 교인이라도 다음주일에 한 번 더 초청할 수 있다. 이번에 안 되면 다음 터치 전도 때, 다음에 안 되면 그다음에…. 터치 전도 생명 터치 데이는 마지막 한 영혼이 주님 앞에 서는 날까지 계속되는 것이다.

"보라 지금은 은혜받을 만한 때요 보라 지금은 구원의 날이로다(고후 6:2)."

⁂

오늘 생명 터치 데이를 통해 나온 새로운 영혼이 은혜받고 구원받는 천국잔치가 될 수 있다. 이날은 초청받은 예비 교인들이 잘 적응할 수 있도록 친절과 사랑으로 배려해 주어야 한다. 준비된 환영메시지나 영상 그리고 예수 그리스도의 구원의 메시지를 전하고 예수님을 영접할 기회를 제공해 준다. 준비된 선물과 간단한 식사나 다과를 준비하여 제공하는 것도 좋다. 그렇게 연결된 예비 교인은 지속적인 관계를 맺도록 도와주고 신앙을 이어갈 수 있도록 양육하는 과정이 필요하다.

생명 터치는 행사가 아니고 행복한 잔치이다. 하늘나라 천국잔치이며 교회는 새 생명을 출산하는 것과 같은 생명잔치이다.

"천하보다 귀한 영혼, 생명 터치로 초청하라!"

3만여 명의 대학생들이 한자리에 모인 한국대학생선교회

(CCC) 여름수련회에서 있었던 일이다. 집회를 진행하는 중 이슬비처럼 내리던 빗줄기가 점점 굵어지더니 장대비가 쏟아지기 시작했다. 야외에서 진행하는 집회라서 진행부도, 집회에 참여하는 3만여 명의 학생들도 당황스러워했다. 그런데 백발에 연세가 지긋하신 김준곤 목사님이 단에 올라오시더니 나지막하지만 단호한 어조로 한마디 질문을 내던지셨다.

"지금 여러분은 왜 이 자리에 있습니까?"

한동안 아무 소리 없이 적막이 흐르고 빗소리만 요란할 그때 누군가가 소리쳤다.

"예수 그리스도!"

김준곤 목사님은 다시 물었다.

"지금 우리는 왜 이 비를 맞으며 이곳에 서 있습니까?"

그러자 더 많은 사람들의 함성이 들렸다.

"예수 그리스도!"

"우리가 숨 쉬는 이유는 무엇입니까?"

"예수 그리스도!"

"내 삶의 유일한 소망은 누구입니까?"

"예수 그리스도!"

"모든 사람에게 반드시 전해 주어야 할 분이 누구입니까?"

"예수 그리스도!"

끊임없는 수많은 질문에 유일한 한 가지 답은 "예수 그리스도”였다. 우렁찬 함성소리에 집회장을 떠나갈 듯했다. 청년들의 가슴속에는 피가 거꾸로 솟는 듯한 놀라운 기쁨과 희망이 타올랐다. 이것이 고(故)김준곤 목사님의 유명한 “백문일답”이 되었다.

예수 그리스도는·우리의 존재 이유이다.

예수 그리스도는 우리의 삶의 목적이다.

예수 그리스도는 우리의 생명이다.

예수 그리스도는 교회 존재의 이유요, 목적이다.

예수 그리스도의 십자가의 복음을 만나면 인생이 변화된다. 예수 생명으로 변화된 인생을 자신의 전부를 예수 그리스도께 헌신한다. 생명이 생명을 낳고, 유는 유를 낳는 것이다. 생명 터치 데이를 통해 예수 생명으로 접붙여 새 생명을 살게 하자.

10. 정착과 양육 : 전도의 열매는 정착과 양육이다.

“우리를 양육하시되 경건하지 않은 것과 이 세상 정욕을 다 버리고 신중함과 의로움과 경건함으로 이 세상에 살고(딛 2:12).”

① 영적 어미의 마음으로 새 신자를 양육하라.

② 영적 아비의 마음으로 새 신자를 양육하라.

③ 하나님 아버지의 마음으로 새 신자를 양육하라.

이 시대 교회 침체의 가장 큰 원인은 교회가 전도하지 않는 것이다. 그러나 그보다 더 큰 문제는 전도된 새 신자를 붙잡지 못하는 것이다. 소위 '앞문으로 들어와서 뒷문으로 나가는 것이다.' 새 신자가 들어오는 것 같은데 교회는 항상 제자리걸음이다. 그러므로 이 시대의 교회 성장의 필수조건은 열정적인 전도와 더불어 양육과정이다.

만일 한 교인이 일 년에 한 명의 불신자를 인도해서 정착했다고 하자. 그리고 이 사람도 정착 후 일 년에 한 명씩 또 다른 사람을 정착시켰다고 가정해 보자.

그렇게 되면 현재 10명의 출석교인이 있는 교회는 ① 정착율이 100퍼센트라면 1년 후 20명, 2년 후 40명, 3년 후 80명, 10년 후 10,240명이 출석하게 된다. ② 정착율이 50퍼센트라면 1년 후 15명, 2년 후 23명, 3년 후 35명, 10년 후 608명이 출석하게 된다. ③ 정착율이 20퍼센트라면 1년 후 12명, 2년 후 14명, 3년 후 17명, 10년 후 59명이 출석하게 된다.

이상의 간단한 수치를 봐서라도 새 신자 정착과 교회 성장이 얼마나 밀접한 관계에 있는지를 알 수 있다.

교회가 성장하고 하나님 나라가 부흥하는 것은 분명 하나님의 뜻이다. 그렇게 되기 위해서는 계속해서 새 신자가 들어와야 하고 들어온 새 신자는 정착해야 한다. 전도가 중요한 만큼 반드시 정착이 뒤따라야만 한다.

원터치 부흥 프로젝트를 통해 새 신자가 들어왔다면 정착 터치와 양육 터치로 연결되어야 한다.

정착 터치에 있어서 첫 번째 중요한 것은 '환영하기'이다. 새 신자를 환영하는 기존 교회나 성도들은 새 신자의 눈높이에 맞춰야 한다. 새 신자를 이해하고 그들을 파악하는 일이 매우 중요하다. 새 신자가 교회를 나오게 된 동기, 교회에 대한 새신자의 마음, 등록하게 된 이유, 교회 안에서 하고 싶은 일 등을 파악하는 것이 중요하다. 그래서 새 신자의 입장에서 우리 교회나 성도들의 태도를 바로잡아 주어야 한다. 또한 새 신자로 하여금 어색하지 않고 편안하게 교회에 적응할 수 있도록 돕는 것이 매우 중요하다.

새 신자가 교회에 정착하게 된 유형을 살펴보면 다음과 같다.

① 어색하지 않고 편안함을 느끼는 교회가 정착하기 좋은 교회이다.
② 지역사회와 소통하며 열린 교회가 정착하기 좋은 교회이다.
③ 새 신자가 감동을 받은 교회가 정착하기 좋은 교회이다.
④ 십자가의 선명한 복음이 전해지고 선포되는 교회가 정착하기 좋은 교회이다.

이렇게 교회 안에 들어온 새 신자에게 초청, 만남, 면담, 등록으로 이어지도록 한다.

등록하여 정착된 새 신자에게는 반드시 양육과정이 필요하다. 정착의 마지막 과정이 양육단계이다. 새 신자가 단순히 교회 출석하는 단계에 머물지 아니하고 그리스도의 제자로, 신실한 성도로 성장하도록 하기 위해서는 반드시 양육이 필요하다.

새 신자 양육에 빠지지 말아야 할 몇 가지 요소는 다음과 같다.

① 새 신자를 향한 변함없는 관심과 사랑이 필요하다.

② 새 신자 양육을 위한 실제적인 교육과정이 필요하다. 원터치 부흥 프로젝트에는 새 신자 정착을 위한 양육교재가 준비되어 있다.

③ 기도가 뒷받침되어야 한다. 새 신자는 양육대상이면서 반드시 기도해야 할 대상이다. 양육과정이 마쳐질 때까지 계속해서 새 신자를 위해 기도하는 것이 매우 중요하다.

④ 새 신자를 양육할 때는 구원의 확신, 믿음에 관한 것, 은사에 관한 것, 성령의 열매, 섬김과 봉사 등 여러 요소들을 잘 가르치는 것이 중요하다.

한국교회는 지난 100년간 급속한 부흥을 이루었다. 이는 끊임없는 교회들이 전도의 열매들이었다. 최근 10년 사이에 교회를 방문한 불신자의 수가 천만 명이 넘는다는 통계가 있다.

그런데 왜 교회는 오히려 더 줄어드는가? 이들 새 신자들을 잡지 못했기 때문이다. 전도 행사가 일회성 행사로 그치는 경우가 많았고, 그나마 남아 있는 새 신자들에게 양육을 통한 정착이 이루어지지 않는 것이다.

나 역시 150호도 안 되는 작은 농촌교회에서 150명이 넘는 예비 교인이 교회를 찾아왔고, 3주 이상 출석하여 등록한 인원도 100여 명이 넘었다. 그런데 문제는 정착과 양육이었다. 새 신자가 들어와도 그들을 돌보고 양육할 만한 훈련된 일꾼이 없었다. 또한 농촌교회 현실에 맞게 양육할 만한 마땅한 교재도 없었다. 어린아이 하나 없는 농촌교회에 20여 명이 넘는 아이들이 원근 각처에서 왔다.

그러나 몇 달 못 되어 그들을 돌려보낼 수밖에 없었다. 주일학교 운영이 사라진 지 10여 년이 지난 우리 교회 현실에서 그들을 양육할 여력이 없었던 것이다. 이 얼마나 안타까운 일인가? '잡은 고기를 풀어 줘야 하는 목사의 심정' 은 말로 할 수 없는 허탈함이었다.

교회를 회복하고 성장시키기 위해 식지 않는 전도 열정과 식지 않는 새 신자를 향한 사랑과 양육이 절실한 때이다.

정착과 양육 터치를 통해 교회마다 건강한 새 신자들이 새워지기를 기도한다. 건강한 새 신자 한 사람 한 사람이 세워질 때 그 교회는 건강한 교회로 회복되고 성장할 것이다. 또한 원터치 부흥 프로젝트를 통해 능히 그 일에 큰 힘이 실어질 것을 의

심하지 않는다.

여기까지 나와 우리 교회를 인도하신 하나님의 은혜도 말로 할 수 없는 축복이다.

- 죽산면 10개 교회 중 교인수, 재정자립도 10번째였던교회(지금은 3번째)
- 시찰 내 14개 교회 가운데 14번째였던 교회(지금은 5번째)
- 교회 주변(연포리) 주민을 다 합쳐도 200명이 안 되는 지역
- 계속해서 성도들이 떠나고 몸져눕고 돌아가셔서 18명으로 다시 시작한 교회
- 외적인 환경도 열악해서 어디서부터 손을 대야 할지 엄두를 내지 못했던 교회
- 성도들의 마음에 절망감과 패배감이 가득하고 마지못해 지켜 주는 교회
- 지역 주민들이 가난한 교회, 초라한 교회로 바라보는 교회

이런 교회였지만 하나님은 마치 훼파되어진 예루살렘 성벽을 바라보는 느헤미야와 같은 심정으로 바라보며 '희망' 을 외치게 하시고 우리의 무너진 마음을 회복시켜 주셨다.

"교회 부흥은 숫자의 달린 것이 아니라 무너진 심령의 회복에서 시작됨을 증명하도록 하셨다."

먼저는 목사가 십자가의 복음으로 서야 한다. 그리고 성도들을 영원한 희망이 되시는 십자가 복음 앞에 세워야 한다. 더 나아가 교회는 수많은 잃어버린 하나님의 백성들을 십자가 복음 앞에 초대해야 한다. 이것이 이 시대의 '희망'이요. 하나님 나라의 부흥인 것이다.

새 이름을 주시다 – 김제희망교회

연포교회에 부임할 무렵에 시찰의 어른 목사님께서 부르시더니 조언을 하셨다.

"서 목사, 연포교회에 부임하면 3년 동안은 아무것도 손대지 마. 그것이 전임목사님에 대한 예의여. 3년간은 주보도 그대로 쓰는 것이 좋아."

나를 사랑하는 마음에서 조언해 주신 시찰 목사님께 감사하기는 했지만 저의 마음속에서 결코 "예"라고 동의할 수 없었다. 더 나아가 화가 났다.

지금 교회가 이대로 가면 얼마 못가 문을 닫을 상황이고, 노인들만 있는, 그것도 20명도 안 되는 교회에 30대 목사가 부임해서 3년 동안 아무것도 손대지 말고, 바꾸지 말라니! 이것이 말이나 되는 소리인가! 평생을 사역해 오신 어른 목사님이 이제 막 처녀목회지로 부임하는 목사에게 조언하는 것이 이것이란 말인가?

물론 목사님 앞에서는 "예!"라고 했지만 마음 깊은 곳에서는 "나는 3년 안에 모든 것을 바꾸겠다!"고 결단하는 시간이었다.

돌아보니 참 많은 것들이 바뀌었다.

본당, 교육관, 사택, 화장실, 주방에 이르기까지 리모델링했다. 텃밭을 기경해서 주차장겸 잔디밭을 조성했다. 교회마당과 담장을 정비하고 이웃 교회에서 십자가탑을 제공받아서 세웠다. 그리고 이제는 연포리를 뛰어넘어 지역과 민족과 열방의 희망이 되라고 교회 명칭을 "김제 희망교회"로 변경했다.

뿐만 아니라 부임하여 모교회로부터 목회자 생활비를 보조받으면서도 선교사를 후원하기 시작한 것이 벌써 15명의 선교사 미자립교회를 후원하게 하셨다.

또 2012년 5월 12일, 네팔 포카라에 단독 선교사 가정을 파송하게 하셨다. 올해부터는 이웃 사랑 실천을 위해 기아대책기구, 전주연탄은행, 사랑나무재단 등 구호단체를 후원하는 일도 시작하였다.

우리로서는 할 수 없는 일들을 주님이 친히 이루어 가고 계신다. 이 모든 것이 주님이 하셨고, 앞으로도 주님이 하실 것이다.

김제 희망교회 6행시(서대운 목사)

김 / 김제 평야 넓은 대지 지평선 한복판에
영혼 구원 구원 방주 희망교회 세웠다네

제 / 제각각 성도마다 주신 사명 있겠지만
제각각 교회마다 주신 사명 있겠지만

희 / 희망을 잃어가는 농어촌 작은 교회
희망의 불씨되어 오늘도 외치리라

망 / 망연자실 낙심 말고 다시 한 번 일어나세
감당하세 감당하세 주신 사명 감당하세

교 / 교회가 교회되고 성도가 성도되게
복음이 복음되고 주님이 주님되게

회 / 회복하세 회복하세 영광스런 주의 교회
전하세 전하세 땅 끝까지 전해 보세
영원한 희망되신 십자가의 복음을!

앞으로 부족한 종과 우리 희망교회는…

너무나 힘들고 어려운 현실 가운데 묵묵히 헌신하며 희생하는 농촌·산촌·어촌교회를 섬기시는 목사님들과 미자립교회의 희망을 나누는 사역을 진행할 것이다.

또한 정체를 넘어 침체되어 가는 도시교회에 도전을 주고 충격을 주는 교회 사명을 감당할 것이다.

비전 2020/333 작전을 통해 2020년까지 단기적으로 300명의 기도의 동역자를 세우며, 30명의 선교사를 후원하며, 3가정의 선교사를 파송할 것이다.

복음과 기도로 무장하여 24시간 365일 만민을 위하여 기도하는 열방기도센터를 꿈꾸며 기도하는 교회로 세워갈 것이다.

지역을 섬기고 나누는 복지치유센터, 만민을 위해 기도하는 열방기도센터, 전도와 선교적 사명을 감당하는 전도 선교센터를 세워갈 것이다.

이 일에 수백 명, 수천 명의 교인을 만들어 성장시키고 부흥시키려는 것이 아니다.

- 예수 생명으로 거듭난 주님이면 충분한 한 사람 한 사람을 세울 것이다.
- 기도의 자리에 서 있는 중보적 존재 한 사람 한 사람을 세워갈 것이다.

- 전도와 선교적 사명을 감당하는 선교적 존재로 한 사람 한 사람을 세워갈 것이다.
- 이 일에 먼저 나 자신을 드리기로 결단한다.
- 사랑하는 아내가 나와 함께 달려가기를 기도한다.
- 사랑하는 나의 4남매(예지, 예은, 명철, 지혜)가 함께 달려가 주기를 기도한다.
- 사랑하는 우리 희망교회 장로님, 권사님, 집사님, 성도님 모든 식구들이 함께 달려가 주기를 기도한다. 지난 3년 동안 부족한 나를 형제처럼 자식처럼 사랑으로 함께해 주신 희망교회 모든 식구들에게 마음깊이 감사를 드린다.
- 동서남북에 흩어져 있는 기드온의 300용사들이 나와 함께 달려가기를 기도한다.
- 이 글을 읽은 모든 분들이 서 있는 그곳에서 가정이든, 직장이든, 교회든, 그 어느 곳에서든 그렇게 세워져 가기를 소망한다.

나는 지금보다 우리 교회 성도가 더 많아지든 더 줄어들든 요동치 않는다. 다만 영원한 '희망' 되신 예수 그리스도의 십자가의 복음이 영화롭게만 된다면 그것으로 족하다.

"나를 살리신 주님이면 충분하다."

"나를 변화시킨 복음이면 충분하다."

"내 삶의 결론이 되시는 말씀이면 충분하다."

마지막 시대의 사명

이제 이 시대의 마지막 나의 사명은 '예수 그리스도의 십자가의 복음과 다시 오실 재림신앙'을 지키며 전하는 일이다. 나는 나 자신부터 이 시대적 사명을 감당하고자 한다.

첫째, 오직 예수님 복음신앙으로 철저히 무장하는 일이다.

급속도로 퍼지는 종교다원주의와 이단 사상으로 인해 교회들이 위협을 받고 있다. 아시아인재미래연구소 최윤식 소장은 중소형 교회 세우기 컨퍼런스에서 "저출산 및 고령화의 파급과 분열과 갈등으로 얼룩진 한국교회 현 상황을 고려할 때 2050년쯤이면 한국의 기독교 인구는 300만~400만 명으로 감소할 것"이라고 전망했다. 더불어 "앞으로 20~30년간 장년층은 줄어들고, 55세 이상은 증가하며 더불어 주일학교는 완전히 쇠퇴하면서 '늙고 작은 교회'의 모습으로 변해갈 것"이라고 밝혔다. 그러나 20~30년 후가 아니라 농촌교회는 이미 수년 전부터 이 같은 현상이 시작되었다. 이대로 가면 농?어촌 미자립 교회들은 얼마 못가 모두가 문을 닫아야 될지도 모른다. 이렇게 무너져 가는 교회의 현실을 바라만 보고 있어야 하는가? 아니다. 숫자가 늘어나고 교회가 부흥하는 것은 기적 같은 일이다. 그렇다면 '작지만 강한 교회'를 만들어야 한다. 마지막 한 사람이 그 교회에 남는다 할지라도 '오직 예수님 복음 신앙' 으로 무장시켜야 한다. 십자가 복음을 위해, 진리를 위해 목숨까지도 기꺼이 내 놓을 수 있는 믿음의 사람들로 무장시켜야 한다.

사도들은 한결 같이 예수님을 위해 순교했다. 초대교회 성도들도 오직 십자가의 복음을 위해 자신들의 모든 것을 과감히 던져 버렸다. 이 시대를 살아가는 성도들이 오직 주와 복음을 위해 싸워 승리하는 교회로 세워야 한다. 이 길만이 살 길이다.

둘째, 오직 예배신앙을 지키는 것이다.

이 시대는 예배가 무너져 가는 시대이다. 교회가 세속화 되어 가고 인본주의화 되어 가는 시대 속에 예배관이 흔들리고 있다. 무엇보다도 철통 같은 예배신앙을 지켜야 한다. 주일성수는 이 시대의 사명이다.

이제는 순교적 각오로 예배를 지키지 않으면 다 무너지게 된다. 성도는 예배를 통해서 세상을 이길 수 있는 힘과 능력을 얻을 수 있다. 예배가 살아나면 교회는 살아날 것이다. 반대로 예배가 죽어 가면 교회는 죽는다. 예배는 생명이다. 예배를 살리고 예배를 지켜내는 것이 이 시대의 나의 사명이며 우리의 사명이다.

셋째, 오직 그날을 사모하는 재림신앙, 천국신앙이다.

"내가 진실로 속히 오리라" "아멘 주 예수여 오시옵소서(계 22:20)."

이 말씀은 주의 재림을 기다리는 마지막 성도들의 기도요, 고백이다. 이 시대에 주의 재림을 사모하고 천국을 사모하는 성도들이 얼마나 되는가? 나는 종종 우리 성도들에게 묻는다.

"오늘밤 내 영혼이 떠나도 천국 갈 자신 있습니까?"

이 물음에 성도들은 여러 가지 반응을 보인다.

"죽어봐야 알지!"

죽어봐야 안다는 믿음은 믿음이 아니다. 그런 믿음으로는 천국에 갈 수 없다. 죽어서 천국인지 아닌지 확인하는 것이 아니라 지금 내 안에 천국을 사모해야 한다. 예수님 오시는 재림을 기다리고 사모하며 준비해야 한다.

지금 우리가 그날을 준비하지 못하고 천국신앙을 굳게 붙들지 않는다면 광야를 헤매는 나그네와 같을 것이다. 길도 없는 광야에서 헤매는 나그네는 비참한 결말을 맞을 뿐이다.

우리는 어디로 가야 할지 몰라 방황하는 영혼들을 영원한 천국으로 인도하는 이 사명을 감당해야 한다. 이 길이 생명의 길이요, 영생의 길이기 때문이다.

넷째, 오직 전도와 선교의 사명을 감당하는 것이다.

이 시대에 우리에게 주신 마지막 사명은 전도와 선교의 사명이다. 이는 예수님의 지상명령이다. 명령은 지켜도 되고, 안 지켜도 되는 것이 아니다. 반드시 지켜야 할 사명이다(마28:18-20, 행 1:8). 하나님께서 한국교회에 주신 마지막 사명은 전도와 선교이다. 하나님은 한국교회를 들어 전 세계 선교 2위 국가로 세워 주셨다. 이는 한국교회를 선교의 도구로 쓰고 계시는 하나님의 일하심이다. 전도와 선교는 도시교회만 하는 것이 아니다. 대형교회만 하는 것이 아니다. 우리 희망교회는 지극히 작은 농촌교회이지만 현재 15명의 선교사를 후원하고 있다. 2013년 5월 20일 네팔 포카라에 단독 선교사 가정을 파송하여 협력하고 있다. 작다고 못할 일도 아니다. 농촌교회라고 할 수 없는 것도 아니다. 이것은 우리의 자랑이 아니다. 마땅히 할 일을 하는 것이다. 아니, 하나님께서 우리로 하여금 복음의 영광을 누리게 하시는 것이다.

"나의 힘이신 여호와여 내가 주를 사랑하나이다(시 18:1)."

오늘 이 시대에 하나님은 나와 우리 희망교회에 역사상 다시 없을 절호의 기회를 주셨다. 또한 한국교회에 엄청난 축복과 기회를 주셨다. 이 기회를 절대로 잃지 말아야 한다. 다시 한 번 "희망"을 외치며 달려가야 한다.

나의 마지막 희망의 메시지는 오직 예수님 복음신앙, 오직 예배 승리신앙, 오직 재림신앙이다.

"농·어촌 교회여! 일어나라!"

"주의 종들이여! 다시 한 번 일어나라!"

"작지만 강한 교회로 온 세상에 복음을 전파하고, 예배로 승리하여, 다시 오실 주님을 맞이하라!"

"이것들을 증언하신 이가 이르되 내가 진실로 속히 오리니 하시거늘 아멘 주 예수여 오시옵소서 주 예수의 은혜가 모든 자들에게 있을지어다. 아멘(계 22:20-21)."

"주님이 하셨습니다."